渋沢イズムで
ニッポン元気復活！

三橋規宏 著

KAIZOSHA

はしがき

渋沢栄一をデザインした新1万円札が来年（2024年）7月に発行される。初めて1万円札が発行されたのは、歴史的な高度成長期を目前にした1958（昭和33）年、初代の顔は聖徳太子だった。2代目が福沢諭吉で（1984年発行）、そして3代目・渋沢は40年ぶりの新1万円札となる。

聖徳太子は十七憲法で日本のまつりごと（政治）の規範を示し、福沢諭吉は『学問のすすめ』『文明論之概略』などの著作で近代日本の進むべき方向を明確に打ち出した。では、渋沢が3代目の顔に推挙された理由は何か。一言で言えば、戦後日本の経済発展を支えた日本型経営システムの原型を作った功績だろう。明治、大正、昭和初期を駆け抜けた渋沢は500を超える企業の創設にかかわった。いずれも時代が必要としたもので、外貨を稼ぐ輸出企業、金融機関、インフラ企業（鉄道、電気、ガス）などだ。また、企業の資金調達の場として東京証券取引所、経済人が意見交換し制度改革などを政府に要望する場としての日本商工会議所の設立にもかかわった。

さらに、経済活動にかかわる実業人の心構えや行動原理について多くの著書や訓話を残している。渋沢の経営哲学は企業性善説を前提に、全国から人材と小資本を集めた株式会社として、世のためになる事業を展開することだ。目先の利益追求より、長期的視点に立って投資をする。経営にあたっては「道徳と経済の両立」を守り抜き、労働者の雇用を守る。このような渋沢の経営哲学を本書では渋沢イズム（渋沢型経営）と名付けた。

生き残った渋沢イズムが羽ばたく

太平洋戦争で廃墟と化した日本だが、復興から驚異的な経済発展を短期間に成し遂げ世界を驚かせた。それは「突然変異」したわけではなく、戦前に渋沢が創設に携わった多くの企業群が存在したことが基盤にある。渋沢イズムを基本精神とした企業群の多くが戦争の苦難を乗り越えて生き残り、戦後に大きく羽ばたいた。これが戦後の経済発展を支えた日本型経営システムの原型となった。本書は、戦後の驚異的な経済発展は、渋沢が創設にかかわった企業群の存在が大きな役割を演じたとの視点で構成されている。

60年代〜80年代は日本の黄金時代

明治維新（1868年）を出発点とする約150年の近代史を振り返ると、最も輝いていた時代は、10年間10％成長を成し遂げた1960年代からバブルが弾ける80年代末までの約30年間と言えるだろう。労働市場には覇気に富んだ若者があふれ、「明日は今日より良くなる」と将来への期待が大きく膨らみ、人々の生活水準も急速に豊かになった。筆者はこの黄金時代を渋沢の業績に敬意を払い、「渋沢資本主義」と命名している。

しかし、バブル崩壊の前後に発生した内外の急激な変化に対応できなかった日本型経営は90年代に入り突然失速し、渋沢資本主義も幕を閉じる。

日本型経営の成功に酔いしれていた企業は、経済のグローバル化、スピード化、IT革命の進展に機敏に対応できなかった。そうして多くの企業が「日本型経営は時代遅れ」と切り捨て、隆盛を誇るアメリカ型経営＝企業は株主のもの・経営者は株主のために最大利益を目指す・短期利益の追求＝に我先にと乗り換えた。

それから30年近くの歳月が過ぎたが、アメリカ型経営を取り入れたはずの日本企業は元気を失ったままで、デフレ経済脱却の主役を演ずることができなかった。なぜだろうか。

本書は第I部で渋沢の人となり・業績について取り上げた。NHKの大河ドラマ「晴天を衝け」（2021年放送）でも知られたように、渋沢は埼玉県深谷市（当時は武蔵国）の豪農の家に生まれた。身分制度が厳しかった江戸末期だったが、思わぬ出会いもあって一橋慶喜に仕えることとなり、慶喜が15代徳川将軍となると幕臣となった。その翌年の1866（慶應2）年、パリで開かれた万国博覧会に将軍の名代として派遣された慶喜の実弟、昭武《あきたけ》に随行。万博視察だけでなく、欧州各地を旅行した。そこで進んだ企業経営手法や情報伝達手法を学んだだけでなく、身分にとらわれない社会に感銘を受けた。これが渋沢の先進的な発想の基礎となり、彼の大きな財産にもなった。

帰国後の渋沢は請われて大蔵省の局長、次官クラスに就いた。度量衡の改正、地租改正、国立銀行条例の制定など獅子奮迅の活躍をするが、3年ほどで辞めてしまう。当時は官尊民卑思想が強く、せっかく得た要職を投げ打って民間に下野する渋沢を惜しむ声が多かったが、渋沢は欧州滞在中の見聞から「官より下とみなされる民が、官と堂々渡り合えることが日本の近代化に必要」との信念を持っていた。民間へ転じたのはそれを自ら実践するためだった。晩年、功成り名を遂げた渋沢に対し、時の首相、閣僚から大蔵大臣や日銀総裁への就任を要請されるが、渋沢は頑として断り続けた。「ひとたび民間に骨を埋める覚悟をしたからには、生涯一民間人として過ごしたかった」と述懐している。「官なにするものぞ」との渋沢の心意気が伝わってくる。

第II部の経済編では、「渋沢イズム（渋沢型経営）、戦後日本の経済発展に貢献」が主題である。終戦の年（1945年）は、渋沢死後14年目に当たる。戦中の軍事政権の下で、物資の調達・生産・販売・消費のあらゆる経済活動が戦争目的のために統制され、渋沢イズムも消滅してしまったかに思われた。だが戦後、廃墟と化した荒れ野から、企業の公益性と未来への楽観主義を重視する渋沢精神と渋沢イズムが復活した。米欧から取り入れた近代経営手法と合体して日本型経営システムが生まれた。それが日本の黄金時代とされる1960年代からバブルが弾ける以前の80年代末の空前の経済発展が実現した。もし戦前、500以上の企業の創設に携わり、道徳と経済の両立などの経営哲学、取引ルールを生み出した渋沢精神、渋沢イズムが存在しなければ、戦後の「日本の奇跡」は実現しなかっただろう。

第III部はアメリカ型経営を取り入れた日本企業が30年間の長きにわたってなぜ低迷してしまったのか、その謎解きである。熟読していただければ幸いである。

渋沢没後90余年、世間から忘れ去られたかに見えた渋沢が新1万円札の顔として蘇る。この機会に、渋沢精神、渋沢イズムに新しい時代の光と風を当て磨き上げる。それを軸にして地球の限界と折り合える新しい経営システム、あえて言えば、新日本型経営システムを構築する。それが可能だとすれば、渋沢資本主義を創り上げた経験を持つ日本企業が率先して取り組むべきではないか。

本書はこんな筆者の願いを込めて、ウエブニュースサイト「ニュースソクラ」に今年(23年)1月初めから5月末まで「新1万円札の顔、渋沢が愛した資本主義」のタイトルで27回連載したものだ。出版に当たり一部加筆、修正した。その際適切なアドバイスをいただいた海象社・瀧川徹代表に感謝している。

また、本書の表紙と文中のイラストは、私の大学教授時代(千葉商科大学)の教え子で、イラストレーターとして活躍している中国・上海からの留学生、蒋海倫君に描いてもらった。彼女にも感謝する。

2023年10月
三橋 規宏

目次

〈II部〉発展へジャンプ

Ⅰ部

渋沢栄一とは

1 明治維新をまたいで渡欧

渋沢資本主義は明治に入り、日本が西欧近代化路線を目指し、官民一体となって経済発展に取り組む中で産声をあげた。

渋沢栄一は徳川慶喜の弟、昭武に同行してパリで開かれた万国博覧会を見聞した。日本が江戸から明治維新に移行する1868年をまたいでの渡欧だったため、戊辰戦争などの混乱に巻き込まれず、外国から日本を客観的に観察できる幸運に恵まれた。欧州滞在中の約2年間、フランスを中心にスイス、オランダ、ベルギー、ドイツ、イギリスなどヨーロッパ各地を訪問したことが、その後の渋沢の社会観、経済観、国家観に大きな影響を与えた。その一つが合本主義（資本主義）である。フランス滞在中に名誉総領事で銀行家のフリューリ・エラールから銀行や合本組織、今でいう株式会社について学んだ。人間一人でできることには限界がある。だが、日本国内に散在する有為な人材を集める。また金額は小さくとも、多くの人が資金を出し合えば大きな資本になる。有為な人材と大きな資金を結び付け、世のため人のためになる事業を立ち上げれば会社の利益が上がり、社会も豊かになる。そこで働く労使の所得も増え、工場立地地域も潤うのだ。江戸時代の近江商人の経営哲学「三方よし」にもつながる。「三方よし」とは売り手よし、買い手よし、世間よしのことだ。

天然資源に乏しかった日本が経済を発展させるためには、唯一の資源である人材の養成と活用が必要だった。私欲を抑制し公益を前面に押し出す経営こそ近代日本の経済発展の源流だった。渋沢は銀行、製紙、鉄道、電力、ガス、海運、倉庫、セメント、レンガ、ホテルなど多種多様な約500もの企業の創設に携わっただけではない。実業人の交流の場として東京商工会議所、資金調達の場としての東京証券取引所などのビジネスインフラも立ち上げた。さらに有為な人材育成を目指し一橋大学や日本女子大、早稲田大学、二松学舎大学など多くの教育機関、東京慈恵会や日本赤十字社、聖路加国際病院などの医療機関の創設・運営にも積極的に取り組んだ。また、養育院、結核予防協会、盲人福祉協会などの社会福祉関連事業などの設立、運営にも携わった。生涯で取り組んだ社会事業の数は600近くに達している。

渋沢は喜寿（数え77歳）を迎えた年（1916年）に、第一銀行頭取を辞任し実業界を完全に引退するが、社会問題への関心は衰えることを知らない。その頃、米カリフォルニア州を中心に日本人移民を排斥する動きが目立ってきた。「日露戦争（04～05年）でロシアに勝利し、日本人がすこし浮かれている、とカリフォルニアの人々が苦々しく思ったのではないか」と、渋沢は憶測する。だが放っておけばさらに火は燃えあがってしまう。渋沢は老躯を駆って渡米し、排日運動が誤解に基づくことを米財界人や政治家に切々と訴えた。今でいう民間外交の実践だ。

今から100年前の1923年9月1日午前11時58分、関東大震災（マグニチュード7.9）が発生した。建造物倒壊や火災による死者・行方不明者は約10万5000人、全壊・全焼住宅約29万棟、経済被害約55億円（当時のGDPの約37％）の大惨事となった。この時、渋沢は日本橋兜町の渋沢事務所にいた。倒壊こそ免れたものの事務所のダメージは大きかった。渋沢はあわやのところで助けられ、王子にある自宅に避難した。事務所はその後焼失し、保管していた維新の元勲たちとの手紙や徳川慶喜の資料などがすべて焼けてしまった。渋沢にとっては悔いても悔いきれない惨事だった。

周りからは故郷の埼玉県深谷市への避難を勧められた。だがこの時、渋沢は「私のような老人はこういう時にいささかなりと働いてこそ、生きている申し訳が立つようなものだ」と述べ、東京に留まった。そして、自ら率先して復興支援に乗り出し、被災者救済のために大震災善後会を立ち上げた。国内の企業、篤志家に働きかけただけではない。渋沢が自身の無事をアメリカの友人に伝えると、親しいアメリカの政財界の大物たちが次々と寄付金を届けてくれた。06年のサンフランシスコ大地震の際、渋沢が支援金を贈ったことへの返礼の意味もあったのだろう。困ったときの相互支援は渋沢が日ごろから心がけ、実践してきたことだ。

「欧米に追い付け、追い越せ」の国家百年の計を胸に、「豊かな日本」を目指して東奔西走する渋沢の人生は91歳で幕を閉じる。それまで休むことなく走り続けた。

渋沢の基本的な企業観は、「企業性善説」である。正しい企業活動で適正利潤を上げることが企業の存続に必要だし、そこで働く人々（労使）の生活を豊かにする。企業が提供する製品やサービスが多くの人たちの生活向上に貢献する。

それでは正しい企業活動、適正利潤とは何を指すのだろうか。正しい企業活動とは反社会的な行為を断じて許さない経営と言えるだろう。たとえば、渋沢の生前にはまだ視野に入っていなかったが、自然環境の破壊、天然資源の過剰採掘、生産過程で発生する有害物質の自然界への放出などの行為。職場に目を向ければ、従業員の長時間労働、児童労働の使用、人種・男女差別など。さらに独占価格の形成や不足物質の買い占め、不良商品の販売、脱税など様々なルール違反が挙げられるだろう。

適正利潤とは、正しい企業活動によって得られる利潤のことで、不正な経済活動によって得られる儲けは利潤とはいえない。

渋沢が経済活動の基準として『論語と算盤』を説いたのは道徳に裏付けられた経済活動が事業存続の条件だとの強い信念からである。ちなみに論語とは道徳、倫理などを表す言葉、算盤とは経済のことである。

私利私欲への批判から大震災「天譴論」

渋沢は関東大震災発生直後に新聞社のインタビューに応じ、「近来の政治は如何、また経済界は私利私欲を目的とする傾向はなかったか。余はある意味において天譴《てんけん》として畏縮するものである」と「天譴論」を述べている。天譴とは天罰、天による見せしめという意味だ。大震災直前の経済界は第一次世界大戦（1914～18年）による大戦景気で沸きに沸いていた。ヨーロッパは戦争中でモノを造る余裕がない。その穴を埋めるため、ヨーロッパ諸国は軍需品や日用品を日本から積極的に輸入したため、日本産業は急速に拡大した。特に造船や海運、鉄鋼業などの発展は著しく、日本の輸出額は輸入額を大きく上回った。経営者の懐も豊かになり、成金が続々登場した。特に造船成金のはしゃぎぶりはすさまじく、多くの芸者を料亭に呼んでどんちゃん騒ぎをして遊びまわるなど乱行が目立った。当時新聞に掲載された風刺画には、「（玄関が）暗くてお靴が分からないわ」と女中が言うと「（百円札を燃やして）どうだ　明るくなったろう」と成金が応ずるやり取りが描かれている（図参照）。

和田邦坊「成金栄華時代」（画像提供：灸まん美術館）

ちなみに当時の100円は今の30万円ほどになるという。

成金に目を付けた政府は時限立法として成金税（戦時利得税）を課したほどで、実質的な成金征伐税だと報じた新聞もあった。

渋沢の理想的な企業像は、日本のため、公益のために尽くすことにある。それが大戦景気に酔いしれ、自分の利益、企業の利益、業界の利益に奔走し、経済人として節度を大きく逸脱していく姿に強い不快感を抱いていた。大震災が「いい気になり過ぎた経済人にお灸をすえた」との思いから天譴発言が飛び出したのではないだろうか。

もちろん地震は自然現象であり、被災者のほとんどは成金とは無縁の庶民だった。その点で渋沢の天譴論は誤解されやすい発言だったのは事実だが、「調子に乗り過ぎ、いい気になり過ぎた時代」への渋沢の怒り、批判として受け止めるべきだろう。

2 アダム・スミスと渋沢栄一

経済活動には道徳、倫理が必要だと指摘した経済学者に、アダム・スミス（1723~90年）がいる。スミスは自由放任主義の経済活動の合理性を体系化した『国富論』（1776年初版）で一躍有名になり、「経済学の父」と言われた。スミスはその著書の中で「自由競争（利己心の追求）によって見えざる手が働き、最大の繁栄をもたらす」と主張した。彼にはもう一つ『道徳感情論』（59年初版）という哲学書がある。年代的には『道徳感情論』が先に出版されている。渋沢は『論語と算盤』という本で「道徳と経済の両立」の重要性を説いた。スミスは道徳と経済学の本をそれぞれ別個の本として出版した。このため、『道徳感情論』では利他心を説き、『国富論』では利己心を主張しており、両書には矛盾があるとの指摘がなされたこともある。だがこの指摘は明らかに誤解である。

スミスは『道徳感情論』の応用編として『国富論』を執筆した。経済活動を円滑に続

けるためには、「市場のことは市場に任せろ」が最善の結果をもたらす。政治の介入は極力避けなければならない。だから小さな政府こそ望ましいと指摘している。このため、スミスと言えば「小さな政府」という連想が働く。

実はスミスは、自由競争がうまく機能するための条件として、市場参加者の自己抑制（利他心）が必要だと強調している。利己心の追求を強調しておきながら、一方で自己抑制を指摘しているのである。なぜだろうか。

スミスはごく普通の個人の生活を想起してほしいという。日常的な個人生活の場では、それぞれの個人が他者への同情や共感を抱きながら生活している。それが社会を安定させ、潤いを与えていると指摘する。幸せな個々の家庭が維持されるのは、構成者の一人一人がむき出しの自己心を抑え、利他心を心がけているためだ。親が子を思い、子が親に庇護され育ててもらうことに感謝する気持ちが円満な家庭の前提になっている。

幸福の基礎としての物質的な欲望充足の手段として経済活動がある。その活動をうまく機能させるためには、市場への政府介入排除の他に最低限守らなくてはならない道徳、倫理がある。これが自己抑制である。

利己心の徹底的な追求はその過程でしばしば反社会的な行為を生み出す。盗賊のように、自分の利益だけを追求すれば市場経済は一日で崩壊してしまうだろう。これは極端な例だが、別のケースを考えてみよう。たとえば、一方的な価格の引き上げ、品薄製品の買い占め、欠陥・不良製品の生産・販売、製品や代金の受払い違反、過剰労働などの不正がまかり通れば市場は歪められ、やがて崩壊してしまう。

レッセフェール（自由放任）の市場でも、利己心を野放に放置するのではなく、どこかで抑制し、他者との平和共存（利他心）を成り立たせなくてはならない。平和共存を可能にさせる装置としてスミスは道徳、倫理をあげる。自分にしてほしくないことは他人にもしないことが平和共存の原則である。

スミスは等価交換を「消極的な徳」と呼び、それからの逸脱は極力阻止しなければならないと指摘する。日常生活ではそれが自然に（なにもしなくても）実現できている、との例も挙げている。例えばリンゴ1個とみかん3個を交換することで、両者が納得して合意するなら、等価交換が成立したことになる。等価交換は交換する両者が互いに満足することを確認することで成立するわけで、利他心が前提になっている。

市場での取引を見てみよう。供給サイドの製品の価格は、原材料費や投入する労働力、適正利潤などを計算して一定の価格を付ける。一方需要サイドでは、その価格で購入すれば、最大の効用（満足）が得られると判断すれば購入する。市場でたまたま供給サイドと需要サイドが一致し、そこで売買が成立すれば等価交換である。近江商人の「売り手よし」「買い手よし」である。

スミスは自由放任型の市場経済が円滑に運営されるためには政府の介入を極力少なくすると共に、市場参加者に市場秩序維持のために道徳、倫理（利他心）が必要だと指摘しているわけだ。

3　士魂商才でビジネスに挑め

事業家としての渋沢は、道徳に裏付けられた経済活動をしないと、収益目的だけの拝金主義が横行し、健全な経済発展を損なってしまうという強い信念の持ち主だ。その点でスミスと比べると道徳の比重が圧倒的に高い。

渋沢の『論語と算盤』（角川ソフィア文庫）の解説者、加地伸行は、渋沢が生まれ育った江戸末期の時代背景を渋沢の言葉を交えて次のように述べている。

「江戸時代以来、道徳教育を受けていたのは武士層であり、農工商にはそれが乏しかった。そのため、彼が関わる商業界では収益だけが目的の拝金主義になってしまっている。一方、武士層は朱子学的道徳教育であったため、問題があったとする。すなわち、現実を念頭に置かず、道徳のための道徳教育というような原理主義的であったため、空理空論となっていた。いわゆる道学（道徳を学ぶ学問）であり、現実と遊離していた。これは国家を衰退させる」

さらに続けて、「道徳なき商業における拝金主義と、空理空論の道徳論者の商業蔑視と、この両者に引き裂かれている実情に対して、渋沢は〈現実社会において生きることのできる道徳に基づいた商業〉をめざしたのである」と指摘している。

渋沢は1873（明治6）年、大蔵省を辞して実業界に踏み出す。この時、これからの人生の指針として着目したのが論語だった。彼は『論語と算盤』で次のように主張している。

「論語にはおのれを修め、人に交わる日常の教えが説いてある。論語は最も欠点の少ない教訓であるが、この論語で商売はできまいかと考えた。そして私は論語の教訓に従って商売をし、利益をあげることを考えたのである」

欧米先進国に遅れて、近代資本主義の道を歩み始めた日本は「欧米に追いつけ、追い越せ」を国家百年の計として掲げてきた。欧米に追いつくために経済を発展させなければならない。それを支えるためには生産、流通、消費、サービスなど多種多様な事業体を創出しなければならない。その事業体が合本組織、今の株式会社である。全国各地から有能な人材とこれまた全国に散らばって存在する小資本を集め、大きな資本にまとめる。それを有効に活用し世のため人のためになる会社を創り、互いに競争し合いながら事業を展開する経済システム、それが渋沢の考える資本主義の理想である。国が豊かになるためには会社が正しい仕方で発展しなければならない。

事業に関わるすべての関係者、労使、売り手、買い手、地域、世間が満足する社会をつくらなければならない。今流の表現では「ステークホルダー経営」だ。その結果、日本全体が豊かになればいうことはない。

渋沢資本主義は企業性善説に立っている。だが、そうは言っても、現実の経済社会は理想通りにはいかない。自分だけ儲かれば良い、相手を騙して利益を得る、他人の不幸に付け込むなど不道徳や不正を駆使して利益をあげようとする者も少なくない。これでは経済活動は長続きせず破綻してしまう。継続的な経済発展のためには市場参加者が納得し遵守する一定のルールが必要になる。

市場経済は突き詰めていけば人の問題に行き着く。生産者がどのような気持ちで製品を造るのか。消費者はどのような気持ちでその製品を購入するのか。生産者がお金儲けだけで製品を造れば粗悪品でも売り抜けようとするだろう。一方、購入者は使ってみて粗悪品と分かれば、二度とその製品を買うまい。

市場経済はそこで壊れてしまう。逆に生産者が心を込めて良い製品をつくれば、消費者の満足度が高まり、製品の評判が高まりさらに売れるだろう。近江商人の「三方よし」が実現する。

だから市場経済を円滑に運営していくためには、市場参加者の人格が大切だと渋沢は考え、「士魂商才」を提唱する。武士の精神と商人の才覚を合わせ持つという意味だ。渋沢の造語である。日本には平安時代中期に生まれた「和魂漢才」、明治の文明開化期には「和魂洋才」の4文字が流行語になった。渋沢の「士魂商才」もそれにあやかるものだ。

士魂商才という表現は、渋沢が「龍門社」などで講話をする際、よく使ったとされる。龍門社は1886（明治19）年ごろ、渋沢宅に寄宿する青年たちの勉学の場として組織され、その後渋沢の経営理念を慕う経営者らが会員となり、研鑽に励んだ。そこで渋沢は経営に関する様々な話をしている。

渋沢と同時代に新渡戸稲造《にとべいなぞう》がいる。新渡戸著の『武士道』には、武士の立ち居振る舞いが克明に描かれている。同書は89年、英文で出版された。『武士道』は欧米の政治家、財界人、識者に読まれ、日本や日本人への関心が大いに高まった。新渡戸は日本人の伝統的な道徳的原理として武士道を取り上げている。日本人の精神風土が仏教、神道、儒教の影響を受け形成されたことを強調し、そこから生まれた名誉、勇気、礼、惻隠の情などを体現した日本人の生き方として武士道を挙げている。

そこには渋沢が商人道に取り入れたい武士の精神が具体的に書き込まれている。実業界引退後にまとめた『論語と算盤』の1章「処世と信条」には、「士魂商才」が取り上げられている。新渡戸の『武士道』を読み、渋沢は「わが意を得たり」と思ったに違いない。

士魂商才には、世の中の道理を軽視し、不正な行為で利益を上げるくらいなら、事業をやめた方がましとの思いが込められている。改めて、アダム・スミスと比較すると、渋沢の経営哲学には道徳の比率が圧倒的に高いことが分かる。

4　渋沢流　論語の読み方・役立て方

渋沢と論語の関係は深い。渋沢著、竹内均編・解説の『論語の読み方』（２００４年初版、三笠書房）が面白い。表紙の裏に本書推薦の次のような一文がある。

「孔子の生き方、つまり『論語』のエキスをそのまま日常生活、仕事に応用して成功した代表が渋沢栄一である。『論語』をなめるように読み、実践していったのである。人生への取り組み、自分の長所を磨き育てる工夫、そして良い人間関係の築き方など、この本との対話には面白い感動的な発見がある」

渋沢は彼を慕って集まる経営者、ビジネス人、官僚、学生などを相手に様々な訓話をしている。訓話の中味は「人生如何に生くべきか」に関するものだ。対人関係、成功や失敗をしたときの心構え、自己研鑽の仕方など多岐にわたる。論語に関する渋沢の訓話をまとめた本に『論語講義』があり、中身は膨大な量に達する。『論語の読み方』は当然のことながら、渋沢著ではない。竹内均と三笠書房の編集者が渋沢の興味深い訓話を集めて出版したものである。

竹内は知られているように地球物理学者で東大名誉教授、科学雑誌「ニュートン」の初代編集長も務めた（04年没）。物理学者による渋沢論語の解説という異次元の組み合わせだけでも興味深い。

論語は、儒教の創始者である孔子と高弟の言動を弟子たちが編纂したもの。孔子は紀元前500年ごろの中国・春秋時代に活躍した思想家で、3000人を超える弟子がいたという。釈迦、キリスト、ソクラテスと並んで世界の四聖人と称されることもある。

日本に儒教が伝わったのは仏教公伝よりも早い513年、継体天皇の時代に百済より渡日した五経博士によって、とされている。

江戸時代、幕府は国家統治の学問として、儒教の一派、朱子学を採用した。徳川家康は、関ヶ原合戦の数年後、儒教の大家・藤原惺窩《せいか》から朱子学の若手学者、林羅山を紹介され、ブレーンの一人に抜擢した。

羅山は期待に応え、幕府の学問としての朱子学を定着させた。羅山は、人間は天理を受けその本性は善であるが、情欲に覆い隠されているため、十分に発揮できないとして、学問によって宇宙を貫く理を極め、修養によって情欲を取り去るべきだ、と述べている。さらに幕藩体制を維持するため、武士世界の身分秩序を絶対化し、士農工商の身分制度を正当化した。男女差別も厳しく「女三界に家なし」で女性の地位は低く抑えられた。「三界に家なし」とは、女性は幼少のときは親に、嫁に行けば夫に、老いては子供に従わなくてはならないという女性蔑視の教えだ。男女平等で育ってきた今の若者にはとても理解できないだろうが、儒教も解釈次第でこのような教えがまかり通ってしまう。

後述するが、渋沢は『論語と算盤』の中で、この女性蔑視を厳しく批判している。

中国では漢の時代に儒教が国を治める教えとして採用され、隋の時代に、その知識を問う科挙（官僚登用試験）が導入されると、儒教の教えは一気に広がり、清の時代まで続いた。中国での儒教の教えは、「弱い立場の人は強い立場の人に素直に従え、それが争いを防ぐために必要」というもの。江戸時代に定着した「女三界に家なし」に似た教えも存在した。中国人の友人によると、中国の儒教は江戸時代の朱子学の教えとそっくりで、今でも庶民の生活を支えている。だが若者には人気がないという。

江戸時代、武士階級の間に広がった朱子学とは別に、農工商階級の間では孔子の教えの原型である論語など四書五経を直接読み、自分の行動規範とする動きも広がった。

たとえば、江戸時代の思想家・倫理学者の石田梅岩（1685～1744年）の石門心

学だ。梅岩は農民出身だが、若くして京都の商家に丁稚奉公し、仕事に精を出す一方、神道、儒教、仏教を独学で勉強し、独自の経営哲学を樹立した。商業に従事する多くの弟子を抱え、新しい時代の商業道の在り方を説いた。士農工商の枠を取り払い、公正公平な事業によって利益をあげることは当然の行為とした一方で、不正行為による利益の追求を厳しく戒めた。「実の商人は、先も立ち、我も立つことを思うなり」と述べている。事業を短期的視点で捉えるのではなく、長期的視点から捉えるところにも特徴がある。儲けることよりも「永続性」が重視されるのは、江戸時代から続く商人哲学と言えるだろう。企業の永続性を貫くためには、本業を通して商売相手も我も利益をあげられるように配慮しなけ

ればならないと説いている。

渋沢もその一人だ。渋沢は生涯、論語を愛し、論語の文献を集め、四書五経を熟読し、講読会を開き、儒教倫理を説いた。渋沢が論語にのめり込んだのは彼の出生と関係がある。彼の故郷は武蔵国・血洗島《ちあらいじま》、今の埼玉県深谷市にある。農業を営む父親の市郎右衛門はただの百姓ではない。儒教を学び、藍の商売に長けた豪農だった。その父親から論語を学び、青年期には従兄弟の尾高惇忠からも論語の訓話を受け、論語の知識はかなり深まっている。渋沢自身も論語を熟読し、孔子の言葉を自分で納得できるまで吟味し、「渋沢論語」を創り出した。

渋沢には、少年時代、地元の代官が農民を一段低い身分として扱い、威張りまくり有無を言わせず、不当な方法で上納金を徴収された苦い体験がある。身分制度の垣根を取り払い多種多様な人材が知恵を出し合い事業を起こす。空理空論の学問、朱子学の束縛から脱し、実学としての論語に基礎を置く、そこが渋沢の出発点である。

5 人材集めた渋沢、独裁の岩崎弥太郎

ここで渋沢の経営哲学を理解するために、渋沢と同時代に生きたもう一人の実業家、岩崎弥太郎（1835～85年）と渋沢との資本主義観の違いについて見ておこう。

岩崎弥太郎は土佐藩の地下浪人、岩崎弥次郎夫妻の長男として生まれる。元々は下級武士（郷士）の出身だが、弥太郎の曽祖父の代に郷士の資格を売って地下浪人となり、農業で生計を立てていた。地下浪人とは、郷士の身分を失った家のこと。

岩崎は渋沢より5歳上で、幕末から明治維新、その後の経済発展期を共に主導したが、両者の経営哲学は水と油のように大きく異なった。渋沢は多くの優秀な人材を集め、合本主義によって、企業を大きくすることが、「国利民福」（国家の利益と国民の幸福）に貢献する最善の方法と説いた。これに対し、岩崎は三菱の社則に「三菱商会は会社の形態をとるが、実際は岩崎家の事業であり、多数から資本を募って結社するのとは異なる。だから会社のことはすべて社長の裁可をあおげ」と記し、トップ独裁を

経営の基本に置いた。

実業家として岩崎の才能が開花するきっかけは、土佐藩がイギリスやオランダなどの欧州商人から軍艦や武器を輸入するため長崎に設置した土佐商会（開成館長崎商会）に派遣されてからである。土佐商会は土佐藩の重役、後藤象二郎が長崎に出向いて基礎をつくったが、後を任せられる人物として岩崎を抜擢した。土佐商会は船舶や武器の輸入に見合う輸出商品として木材、強心剤・防腐剤として使われる樟脳、鰹節など土佐物産を扱っていたが、輸出は伸びず貿易収支の赤字は拡大する一方だった。このため欧州商人への支払いがかさみ、物品の引き渡しや支払い条件に苦労する。この苦労が実業家としての岩崎を大きく成長させた。

実はこの時期、岩崎は長崎で坂本竜馬と出会っている。竜馬は、岩崎が生まれた翌年、郷士で御用商人でもある高知城下の裕福な家に生まれている。26歳で脱藩、曲折を経て、薩摩藩の西郷隆盛の支援を受け、長崎に亀山社中を設立した。亀山社中は薩摩藩、長州藩などの貨物輸送に当たった。後藤象二郎らの働きかけで坂本の脱藩罪が解かれると、亀山社中は「海援隊」と名前を変えた。海援隊は海から土佐藩を援護する役割を担い、物資の運搬や貿易の仲介など商社に近い事業を展開した。さらに利益追求（射利）を組織の重要な目標の一つに掲げた。当時としては営利を目的に掲げる画期的な組織だった。長崎にいた岩崎は海援隊の活動を積極的に支援し、坂本とは酒を酌み交わす仲になっている。その坂本は67年、京都で暗殺されてしまう。明治に入り、岩崎が海運に本格的に取り組んだのは坂本の影響が大きかったと筆者はみている。

海運事業で成功、三菱商会を設立

明治に入ると、新政府は藩営事業を禁止した。1869（明治2）年、土佐商会の海運事業部門の中核メンバーが九十九《つくも》商会を設立した。71年の廃藩置県を機に岩崎は九十九商会のトップに就任する。九十九商会は藩船3隻の払い下げを受け、貨客運航を開始する。

幕末から明治へ移行する当時の日本では、外国船が日本の国内航路にまで進出し、暴利をむさぼっていた。これを是正したい明治政府は、「廻漕会社」を設立し、幕府の蒸気船を供与したり、運航助成金を支給したりしたが外国船との競争は劣勢だった。その中で九十九商会だけは高知―神戸航路、東京―大阪航路で実績を上げていた。

73年、九十九商会は三菱商会へ社名変更し、翌年本社を東京日本橋南茅場町に移した際、社名をさらに三菱蒸気船会社に変更した。

話は前後するが、岩崎が巨利を得るきっかけとなったのが、71年に制定された新貨条例だ。旧幕府時代の金、銀、銭という通貨制度を改め、十進法の円、銭、厘を単位とする新硬貨をつくることを定めた。同時に廃藩置県の実施で多くの藩が、財政難から藩札を発行していたが、それを回収し、政府紙幣と交換しなければならなかった。政府が藩札を買い上げることを事前に知った岩崎は、約10万両の資金を調達し、各藩が発行した藩札を大量に買い占め、それを政府に買い取らせ、莫大な利益を得た。この情報を岩崎に流したのは新政府の高官になっていた後藤象二郎だった。今でいうインサイダー取引であり、当然後藤にも利益の一部が流れたと見られている。政商としての岩崎の本領はこれを機にさらにエスカレートしていく。特に新政府の重鎮、大久保利通、大隈重信への接近が三菱の海運事業の成功に大きく貢献する。

74年の台湾出兵にあたり、政府は軍事輸送を英米の船会社に依頼したが、局外中立を理由に断られた。代わって名乗りを上げたのが三菱だった。政府は外国船13隻を購入、運航を三菱に委託した。政府は日本の内外航路を独占している欧米の汽船会社に対抗するため、勢いに乗った三菱を積極的に支援、さらに香港、上海、釜山、ウラジオストクなどの外国航路の開設を認めた。このため欧米汽船会社との間で激しい価格競争が展開された。政府は有事の際の徴用を条件に三菱に特別助成金を供与、さらに競争に敗れ日本を去ることになった欧米船の一部や施設を購入し、三菱に引き渡すなど手厚い保護を加えた。三菱自身も廻船貨物を担保に荷主にお金を貸し出す荷為替金融を実施するなど当時としては最新のサービスで顧客を拡大した。官民一体の海運事業強化策が功を奏し、外国船は日本から撤退し、三菱の一人勝ちとなった。

6 三菱、西南戦争で大儲け

三菱の政商ぶりの極みは77年に勃発した西南戦争（西郷隆盛を中心とした士族の反乱）だった。政府の徴用に応じ、三菱は社船38隻を軍事輸送に振り向け、政府軍7万人のほか弾薬、食糧などの輸送で全面的に政府を支えた。戦費総額4156万円のうち、三菱の運航収入445万円、経費を差し引き112万円の利益を稼ぎ出したと言われる。米価で比較して当時の1円は今の5000円程度として計算すると112万円は56億円になる。その6～7倍になるとの説もあるが定かではない。いずれにしても、三菱は西南戦争で莫大な利益を手にした。まさに焼け太りだった。この資金を基に岩崎は、造船、鉱山、貿易、金融、鉄道などの分野に乗り出し、三菱財閥の基礎を築く。

大久保暗殺、大隈失脚で強力な後ろ盾失う

海運業は三菱の独断場になった。競争に敗れた外国汽船は日本を去り、対抗する海

運会社が誕生すると、価格ダンピングや相手企業を誹謗する様々な偽情報、今の言葉で言えばフェイクニュースを大量に流し破綻させるなどの禁じ手も意に介さなかった。

だが良いことが永遠に続くわけではない。好事魔多し。その時が迫っていた。

1875（明治11）年に大久保利通が暗殺され、81年には北海道開拓使官有物払い下げ事件で大隈重信が失脚した。岩崎は強力な支援者を相次いで失った。

一方、海運を独占し、政商として膨張を続ける三菱に対し、政府部内だけではなく世論の批判も厳しくなった。農商務卿の西郷従道は「三菱の暴富は国賊なり」と非難した。負けん気の強い岩崎は「三菱を国賊だと言うならば、三菱の船をすべて焼き払ってもよいが、それでも政府は大丈夫か」と反論した。

大隈失脚の翌年（82年）、渋沢栄一、三井財閥の益田孝、大倉財閥の大倉喜八郎ら反三菱グループが資金を出し合い600万円という巨額の資本金をもとに共同運輸会社を設立し、三菱に対抗した。資本金のうち260万円は政府が拠出した。このことからも共同運輸は政府の肝いりでできたことが分かる。設立に当たって、会社に付与された船舶は海軍の付属とし、戦時や有事の際は海軍卿の命令で海軍商船隊に転ずる規定が盛り込まれていた。

共同運輸は三菱の海運独占支配に風穴を開けたいとする政府の思惑が見え見えで、

今流の表現でいえば国策民営会社の性格が強かった。

この時期の様子を渋沢は自伝、『雨夜かたり』の中で次のように回想している。

「三菱は旭日昇天の勢いを以てその海運業が発展した。経済界の人々は三菱会社の余りに政府の特典を受けて専横になるということを羨みかつ憤って、ついにこれに反対す共同運輸会社というものが出来た。私はその共同運輸会社の賛成者であったから、換言すれば、三菱の反対者であった。海運業はさなきだに（ただでさえの意）競争にながれるのを、一方の専横を防御しようということで組立ったから一方も利かぬ気で力をいれるので、この両会社はしきりに競争した……今日の政友会と憲政党との政争ぐらいではなかった」

渋沢の指摘するように、三菱と共同運輸との激烈な争いは2年間も続き、運賃は競争開始前の10分の1にまで引き下げられた。両会社の財務内容は急速に悪化し、共倒れの危機にまで追い込まれた。その最中、競争の陣頭指揮を執っていた岩崎弥太郎が85年2月、突然急死した。胃がんだった。

弥太郎の後を継いだのが、16歳年下の弟、弥之助だった。弥太郎は弟とはいえ年齢が離れた弥之助を自分の息子にように扱い、後継者として育てるために米国に留学させ、経営学を勉強させせた。73年に2人の父、弥次郎が急逝すると、弥太郎の懇願もあり、弥之助は1年で留学を中断し帰国、三菱商会に入社。翌年の秋、後藤象二郎の長女、早苗子と結婚した。

弥太郎の死を待っていたように、外務卿、井上薫は伊藤博文ら政府首脳と相談し、両会社を合併させた。合併に強硬に反対していた弥太郎と違って、弥之助は温厚で時代の空気、変化を冷静に見通す能力に長けていた。後に日銀総裁にもなった人物だけに、「負けて得する」術も心得ていたのかもしれない。共同運輸側に有利な合併だったが、合併を受け入れ、日本郵船が誕生した。日本郵船は当初共同運輸側が経営のトップを占めたが、業務に精通している三菱出身者が次第に力を付け、トップに就任するようになった。気が付けば、日本郵船は三菱出身者が支配する会社になっていた。

なぜこうなったのだろうか。人材育成の仕方で渋沢と岩崎は対照的だった。岩崎は会社発展の原動力は人材育成に尽きると考えた。福沢諭吉の『西洋事情』を読んで共鳴した岩崎は、福沢が設立した慶應義塾から有能な人材を多く採用した。共同運輸との合併で一度死んだかに見えた三菱だが、短期間に日本郵船の実質的な支配者となり、今日では三菱財閥の源流会社とされる。実務に精通したプロの社員を計画的に育成する手腕では岩崎が一歩も二歩も先を行っていたといえるだろう。

渋沢も会社発展の決め手は有能な人材に負うことは承知していたが、計画的に育成するという発想は乏しかった。長男を自分の後継者にすることにも失敗している。ただ、「道徳と経済の両立」を掲げる渋沢の経営理念は弥之助以降の三菱トップに引き継がれて今日に至っている。

7 『論語と算盤』に見る渋沢の経営哲学

渋沢は合本組織に基づく事業（株式会社）展開を理想としていた。日本国中から優秀な人材と資本を集め、世のため人のためになる事業を展開することが「国利民福」（国家の利益と国民の幸福）につながると考えていたことはすでに指摘した。

だが、日常の会社経営では利益を上げなければならない。利益を上げられなければ会社は潰れてしまう。理屈をこねるだけで利益を上げられない社員は落伍者の烙印を押される。新人でも中間管理職でも、役員などの経営陣でも会社という組織に属していれば、それぞれの部署で利益を上げ、会社から評価されたいと願うだろう。そのためには多少の法律違反、道徳違反にも目をつぶりたくなる。利益優先、出世したいと願う野心が会社発展の大きな原動力になることはもちろんである。だがそれが行き過ぎると、市場が混乱し機能しなくなる。岩崎弥太郎の三菱が政府の強力な支援を受け、海運業を独占した。顧客の囲い込みや競争相手が現れると運賃を極端に引き下げ、相

手を駆逐すると今度は逆に過度の引き上げに走る行為が、市場経済を歪めてしまったことはすでに指摘した。渋沢はこの反省を踏まえ、市場経済は放置すると暴走してしまうことを鋭く見抜いていた。市場経済を健全に維持、発展させるためには、暴走を抑制するための法律、さらに会社経営に携わる個々人の道徳、倫理が欠かせない、と渋沢は考える。品格のある経営が彼の理想だ。

渋沢が『論語と算盤』を出版したのは、76歳で現役を引退した年である。当時の実業界では道徳と経済は両立しないとする考え方が多数派だった。渋沢はこの考え方に強い危惧を抱いていた。「道徳か経済か」の二者択一ではなく、「道徳も経済も」でなければならない。さもないと市場経済は長持ちせず、必ず崩壊してしまうと渋沢は考えた。

渋沢が道徳、倫理の教科書としているのはもちろん論語である。渋沢が論語に依拠した理由として、①少年時代から論語を読み、その教えに共鳴していた、②学問上の理論でも宗教でもなく、日常生活に必要な人の道を説いている、③その気になれば誰でも実践できる実用的で卑近な教えである――をあげている。

そのうえで、「国の富の根源は何かといえば、仁義道徳。正しい道理の富でなければ、その富は永続することができない。ここにおいて論語と算盤というかけ離れたものを一致せしめることが今日の緊要の務めと自分は考えているのである」と出版の動機を述べている。

仁義道徳とは孔子が最も重視している道徳だ。仁とは他人への深い思いやり、義とは世の中の道理を意味している。利他主義と世の中の道理を守ったうえで利益追求を目指さなければ事業は永続しない、というのが渋沢の事業観であり経営哲学である。

渋沢の生きた明治初期からの近代化の過程では、多くの実業家が、利益追求と道徳とは相反関係、別の言い方をすれば二律背反の関係にあるとみなしてきた。利益をあげるためには法律や道義に反することも時にはやむを得ない。さらに踏み込んでいえば、目先の利益追求のためには道徳は邪魔だ、道徳を守っていては会社がつぶれてしまうといった見方が支配的だった。だから道徳と経済を両立させる経営などありえないと考えられていた。そんな時代風潮の中で、渋沢は次世代への遺言として『論語と算盤』を出版した。その影響は大きかった。同書出版当時、渋沢は500社を超す会社の設立に関わってきた。業種も銀行、保険、ホテル、セメント、煉瓦、さらに製紙、製糸、紡績、造船、ビールなどの製造業、さらに鉱山開発、電力、ガス、鉄道、海運、陸運、倉庫など経済活動に必要なあらゆる分野で事業会社を誕生させてきた。

それだけではない。東京証券取引所、産業界の意見を集約するための日本商工会議所、実業人養成のための商科大学（一橋大学）の設立にも関与している。

さらに渋沢は社会福祉事業にも並々ならぬ覚悟で取り組んでいる。資本主義社会では、必ず少数の勝者と多くの敗者が生まれる。それは市場経済を基本とする限り避けて通れないことである。だからといって、貧者や生活困窮者を放置していいわけがない。社会の明るい側面だけではなく裏側の暗い側面にも気を配らなければならない。渋沢が孤児院や貧民救済施設、病院設立など社会福祉分野に力を注いだ理由もここにある。渋沢は生涯に500を超える企業の設立にかかわったが、さらにそれを超える約600の社会福祉関連の事業、施設の設立にもかかわっている。

『論語と算盤』出版当時の渋沢は、経済界を代表する重鎮、大御所の地位を不動なものにしていた。民間人として最高の栄誉、子爵の称号も授与された。それだけに、『論語と算盤』が実業人に与えた影響は大きかった。『論語と算盤』を一貫して流れる思想は、「品位のある実業人たれ」ということであろう。

バブルが弾ける1990年初めごろまでの日本の企業は、企業性善説、道徳と経済の両立、永続性、労使協調、終身雇用、年功序列型賃金制度など渋沢経営を柱として大きく成長し、日本経済の発展に貢献してきた。それを実現させた実行部隊が企業である。

株主のための利益追求を最大目標に掲げ、不況になれば真っ先に人員削減に取り組むアメリカ型経営とは対極の経営だった。戦後日本の経済システムが渋沢資本主義といわれるのは、「道徳と経済の両立」を理念とする経営哲学が岩盤のように形成され、経済活動を支えてきたためだと筆者は理解している。資本主義の先進国、欧米ではあまり見られなかった現象である。

渋沢が設立に関わった企業の多くは設立時に社訓や社則などの形で会社設立の目的、経営理念、使命感などを文字にして残している。企業によって表現こそ違うが渋沢が提唱した「道徳と経済の両立」の大切さが記載されている。しかもこれらの企業の多くは戦前、戦中を生き抜き、第二次世界大戦後も様々な困難、荒波を乗り越え大企業に成長し、現在も活躍している。

本書の第II部では、渋沢資本主義、別の言い方をすれば、渋沢流の経営哲学で武装した多くの企業の活躍が相乗効果を上げ、世界大戦で焦土と化した日本を立ち直らせ、60年代の高度成長時代を実現させる原動力になったことに触れている。そのためにも、渋沢哲学の原点となる『論語と算盤』の骨子を見ておく必要がある。

8 経営の神髄は利他主義

『論語と算盤』は、「処世と信条」「立志と学問」「常識と習慣」「仁義と富貴」「理想と迷信」「人格と修養」「算盤と権利」「実業と士道」「教養と情誼」「成敗と運命」――の10章から成り立っている。

市場経済の下で、企業が切磋琢磨し、公正な競争を通して発展していく姿が望ましいが、実際には不公正取引で利益をあげる企業が少なくない。それを防ぐためには企業に所属する新人から中間管理職、役員、経営トップに至るまで「道徳と経済の両立」を肝に据えて、日々の業務に取り組んでいかなくてはならない。渋沢が遺言書として、本書を出版したのは、逆に「道徳と経済の両立」が実際のビジネスの現場では難しく、道徳に反する商取引が多発している現状に警鐘を鳴らしたいとの思いが強かったのではないだろうか。

『論語と算盤』は実業人の生き方について、あらゆる角度から渋沢の人生訓や処世術、希望、期待が綴られている。渋沢が実業人の日々の行為の教科書として論語に依拠したのは、論語が倫理学、実学として誰でも取り組めるからだ。渋沢はキリスト教や仏教などの宗教には神や仏のような超越者を必要とする。それに対し儒教は孔子や孟子のような聖人が登場するが、聖人も人間であり煩悩を持ち過ちも犯す。それを反省し悔い改めながら徳のある人間になるため努力を続ける過程が人生だと教えている。

渋沢はこれから実業界に踏み出す多くの若者に読んでほしいと願い、同書を出版した。一読を薦めるが、筆者なりに同書から企業経営に役立つはずの5つのキーワード(仁義道徳、士魂商才、適材適所、蟹穴主義、王道経営)をピックアップして紹介したい。

仁義道徳で共存共栄

儒教が示す徳には「仁・義・礼・智・信」の五つがあるが、このうち、孔子の思想の中核を成す概念が「仁」だ。孔子自身は「仁」について具体的な説明をしていない。だが孔子の言葉から解釈すれば、仁とは他者の心中を思いやることであり、深い人間愛のことである。

人間行為の動機は大きく利己主義と利他主義に分けられる。実業の世界で利己主義を貫けばどうなるだろうか。「自分の利益さえ上がれば、他はどうなってもかまわな

8 経営の神髄は利他主義

い」という理屈で多くの実業人が行動すれば、騙し合いや不正取引が横行し経済活動はたちまち壊れてしまう。逆に「自分が豊かになりたいなら、まず他人に豊かになってもらう」という利他主義に基本を置くなら、共存共栄が可能になる。売り手も買い手も世間も「ウインウイン」の関係が成立する。

「義」とは人としての正しい行為のこと。社会の基本的な道徳を守って行動すること。ただ、社会正義が強調され過ぎると、富や地位などはすべて悪だと曲解されることになってしまう。江戸時代の武士の教科書とされた朱子学にその傾向が顕著で、「利益を上げるのは悪」「お金儲けは武士の恥」とする傾向が強まっていた。これに対し、渋沢は「仁の精神（利他主義）を持ち、世の中の道理（義）に従って、実業に従事し利益を上げる行為について何ら問題はないと孔子も指摘している」と説明する。

渋沢は孔子の次の語句を紹介している。「正当の道を踏んで得られるならば、執鞭《しつべん》の士〈注1〉になってもいいから富を積め、しかしながら不正当の手段をとるくらいなら、むしろ貧賤におれ」と。そして、「孔子は富を得るためには、実に執鞭の賤しきをも厭わぬ主義であった、と断言したら、恐らく世の道学先生は目を円くして驚くかもしれないが、事実はどこまでも事実である」と述べている。

〈注1〉執鞭の士＝むち（鞭）を手に馬車を操る者のことで、転じて卑しい仕事に従事する者の意味。

武士の精神と商人の才覚を同時に

渋沢は実業人の心の持ち方として、士魂商才の大切さを強調する。同書で「昔、菅原道真は和魂漢才ということを言った。これは面白いことと思う。これに対して私は常に士魂商才ということを提唱するのである」と述べている。和魂漢才とは日本独自の精神と中国の学問を併せ持つことで、明治維新以降は和魂洋才という言葉も使われるようになった。

渋沢の造語・士魂商才とは、武士の精神と商人の才覚を合わせ持つこと。「実業人は士魂商才を身に付けなければならない」と渋沢は若者相手の講話で必ず口にしたという。

道徳に裏付けられない商才は不道徳、欺瞞、外面ばかりで中身のない小手先の商才に堕ちてしまう。真の商才は道徳に裏付けられたものでなくてはならない。渋沢は道徳に裏付けられた精神として武士的精神をあげている。だが武士的精神のみに偏して商才がなければ、自滅を招いてしまう。だから士魂とともに商才がなければならない、と説く。

渋沢によると、武士的精神は論語の徳が基調になっている。「ゆえに私は平生、孔子の教えを尊信すると同時に、論語を処世の金科玉条として、常に座右から離したことはない」と述べている。

渋沢が「武士的精神」に言及する背景には、新渡戸稲造の著書、「武士道」の影響があるのではないか、と筆者は考える。新渡戸は滞米中の1899（明治32）年に『武士道』を英文で出版、ドイツ語やフランス語にも訳され、欧米の知識人や政治家に日本人を知るためのテキストとして広く読まれた。

新渡戸は、武士道がいかにして日本の精神的土壌に開花結実したかを解き明かす。日本人の精神風土は仏教、神道、儒教が長い歴史を経て融合し、独特の魂を創り出した、と新渡戸は指摘する。特に儒教に関して、「孔子の教訓は武士道の最も豊富なる淵源であった。君臣、父子、夫婦、長幼、ならびに朋友間における五輪の道は中国から輸入される以前からわが民族的本能の認めていたところであって、孔子の教えはこれを確認したに過ぎない」と述べている。そして、政治道徳に関する孔子の教訓は「治者階級たる武士に善く適応した」と強調している。忠君、愛国、自然に対する畏怖の念、ストイック、潔さ、他者への思いやり、約束遵守などの日本人の魂は、封建社会が頂点に達した江戸時代、士農工商のトップに立つ武士の生き方（武士道）として花開いた、とする。

9 人事の天才、徳川家康

3つ目のキーワード「適材適所」を見てみよう。

渋沢は、経営トップに求められる資質の一つとして、部下を適材適所に配置して使いこなす能力をあげている。その点で徳川家康を高く評価し、『論語と算盤』でも次のように述べている。

「我が国でも賢人、豪傑はたくさんいる。そのうちでも最も戦争が上手であり処世の道が巧みであったのは、徳川家康公である。処世が巧みだったため、多くの英雄、豪傑がひれ伏し15代続く徳川幕府を開くことができた。だから200年余り、人々は枕を高くして寝ることができた。これは実に偉業と言えよう」（一部筆者が意訳）。

家康が長期間続いた徳川幕府を開くことができたのは、部下の能力を調べ上げ、適材適所を実践してきたからにほかならない。家康が跡継ぎや部下たちに残した教訓、遺訓の多くは論語から出ている、と渋沢は言う。例えば家康が好んで口にした「人の

一生は重荷を負って遠き道を行くがごとし」は、論語の「士はもって弘毅ならざるべからず。任重くして道遠し…」（指導者は度量が広く強い意志をもたなくてはならない。責任は重く、道は遠いからである）からきている。

渋沢によると、適材の人物を適所に配置することの大切さは、人を使う者が常に口にする。だが人の心に棲んでいる魔物がよからぬ権謀を企む場合がある。自分の権力を拡大するため、部下を送り込んで自分の勢力を拡大していく。自分の派閥を築き上げてしまえば、政界でも実業界でも確固たる権力を握ることができる。しかし「そのような行き方は断じて私の学ぶところではない」と渋沢は切って捨てる。

渋沢は続ける。

「徳川家康ほど巧みに適材を適所に配備して、自分の権勢を上手に広げた権謀家を私は知らない」（意訳）と述べ、江戸に幕府を構えるに当たって、部下の配置についてあらかた次のように語っている。

「居城、江戸の警備として、関東は代々徳川家に仕えてきた譜代大名で固めた。関所のある箱根を前に、大久保相模守を小田原に配備した。御三家の一つ、水戸家をもって東国の門戸を抑える。尾州家をもって東海の要衝を固め、紀州家をもって大阪に背後から睨みをきかす。さらに井伊家を彦根に置いて、皇室のある京都を見張るなどその人物配置は精緻を極める」（意訳）と。

さらに続ける。

「私は適材を適所に配備する工夫において、家康の知恵にあやかりたいと絶えず苦労しているが、その目的においては全く家康に倣う所がない。渋沢はどこまでも渋沢の心をもって、自分と一緒にやっていく人物と向き合うことにしている。その人を道具に使って自分の勢力を築こうという私心は毛頭ない。適材を適所に配置して、何らかの成績をあげることができれば、その人物が国家社会に貢献する本来の道だ。それが渋沢の国家社会に貢献する道だ」（同）と。

渋沢は、家康の適材適所は結局、徳川家のお家安泰のためだったと述べ、その限界を指摘することも忘れない。一族、一派閥、一企業の繁栄のためではなく、広く天下国家の発展に役立つ人材を発掘し、適材、適所に配すことの大切さを強調し、そのために貢献することが自分の生き方だと繰り返し強調している。

余談になるが、渋沢の適材適所は今日の日本政治の世界で最も求められている。新しく就任した首相が閣僚や補佐官、アドバイザーなどを指名、任命する場合、国家・国民のためではなく、首相陣営の勢力拡大のために配置する。深刻な気候変動対策や新型コロナウイルスの感染拡大対策などに直面し適材の登用が急務にもかかわらず、知識不足で忖度上手なだけの人材が中核部署に配置されがちだ。その結果、政策効果がほとんどあがらない状況が続いているのはなんとも嘆かわしい。

10 身の丈に合った生き方…蟹穴主義

渋沢は「身の丈に合った生き方を貫いてきた」と自分の人生を振り返る。蟹は甲羅に似せて穴を掘るというが、自分の生き様はあえて言うなら、蟹穴主義だという。世の中には随分と自分の力を過信して大きな野心を抱く者がいるが、前に進むことばかり知って、身の丈に合った生き方を知らないととんだ間違いを引き起こすことがある、と警告している。

渋沢は『論語と算盤』の中で、「今から10年ばかり前に、ぜひ大蔵大臣になってくれだの、日本銀行の総裁になってくれだのという交渉を受けたことがある。自分は明治6年に感ずる所があって、実業界に穴を掘って入ったので、今さらその穴を這い出すこともできないと思って固辞した」述べている。

「孔子は『進むべきときは進むが、止まるべきときは止まる、退くときは退く』と言っている」が、人は出処進退が大切だ。とはいえ、身の丈に合った生き方をするからと言って進取の気持ちを忘れてしまってはなにもできない」（意訳）とも言う。

孔子は「心の欲する所に従って、矩《のり》をこえず」と言っている。

身の丈を知り、矩（道徳、規律）をこえずにバランスをとって生きるためには日頃から心がけねばならないことがいくつかある。特に青年が注意しなければならないのが喜怒哀楽である。青年に限らずおよそ人間が道を誤るのは様々な感情が暴発してしまうからだ。孔子も喜怒哀楽の調節が必要なことを述べている。私も酒を飲むし遊びもするが常に乱れ過ぎないように限度を心得て行動している、という。

渋沢は、得意時代と失意時代の心の持ち方についても、以下のように触れている。

およそ人の禍の多くは得意の時代にその兆しが芽生えるものだ。得意の時には誰もが調子に乗ってしまいがちだが、禍はこの欠陥に食い入ってくる。だから世の中で生きていくためには、得意の時代だからといっても気を緩めず、失意の時にも落胆せず、平常心をもって道理を貫くことを心掛けなければならない。

さらに何がなんでもその事を成し遂げたいと思う者もいる。逆に自分中心で社会への貢献など眼中に置かず、打算に走る者もいる。人の顔が異なるように一つの事に取り組む場合は人によって様々な思惑がある。さて、それではお前（渋沢）はどうするか、と自分に問う。私（渋沢）なら、どのように対処すれば道理に適うかを考え、その道理に適ったやり方をすれば国家社会の利益になるかを考え、さらに自分のためになるかを考える。そう考えて見た時、もしそれが自己のためにはならないが、道理にも適い、国家社会にも利益をもたらすということなら、「余は断然自己を捨てて、道理のある所に従うつもりである」と述べている。

王道経営の薦め

『論語と算盤』の7章「算盤と権利」に、「ただ王道あるのみ」という一節がある。ここで渋沢が力説しているのが王道経営のすすめである。王道とは儒教の言葉で、有徳の君主が仁義に基づいて国を治める政道のことで、覇道（武力や権謀をもって支配統治する政道）と対極の言葉だ。

仁義とは他人に対する深い思いやりを持ち道理に基づき行動することで、すでに指摘したように、孔子が目指す最高の道徳のことだ。

「王道あるのみ」を説明するため、渋沢は卑近な例から始める。

たとえば、一家族内でも、父子、兄弟、親戚までが各々自分の権利や義務を主張し、なにからなにまで法律の裁定を仰ごうとすればどうなるか。人間関係が険悪になり、人と人の間に壁が築かれ、ことあるごとに角突き合わせ、家族の団欒は望めなくなってしまうだろう。自分は富豪と貧民との関係も同じだと思う。資本家と労働者との間にはもともと家族的な関係が成立していた。この関係を急に法制化して取り締まろうとするのは一つのアイデアではあるが、果たしてうまくいくだろうか。資本家と労働者の間には長年かけて培われてきた一種の情愛（信頼）がある。それを法律によって、労使双方が権利や義務を主張するようになれば両者の関係がぎくしゃくしてしまわないだろうか。ここは一番、深く研究しなければならない。

こう前置きをした後、渋沢は持論を展開する。自分は法律の制定には反対しないが、法律があるからと言ってすべてを法の裁定に仰ぐことは、できるならしないほうがよい。

「資本家は王道をもって労働者に対し、労働者もまた王道を以て資本家に対し、その関係しつつある事業の利害得失は、両者に共通することを理解し、相互に思いやりの心をもって対応すれば、初めて真の調和が得られる。両者がこのような関係になってしまえば、権利や義務の考え方はいたずらに両者の感情をぎくしゃくさせるばかりで、何らの効果もない」と王道経営の薦めを展開する。

しかし、世の中にはこれらの点に深い注意を払わず、貧富の格差を強引に直そうと願う者がいる。貧富の格差は程度の違いはあるが、いつの世、いかなる時代にも必ず存在してきた。もちろん、国民すべてがみな豊かになるのが理想だとしても現実的には、誰もが一様に、平等に富豪になることは望めないことではないだろうか。

さらに渋沢は舌鋒鋭く核心に迫る。「富む者がいるから貧者が出るという論法で、世の中がこぞって富者を排斥するなら、いかにして富国強兵を実現することができようか。個人の富は国家の富である。個人が豊かになりたいと思わなければ、国家の富はどのように増やすことができるだろうか。国家を豊かにし、自分も栄達したいと欲するので、人々は日夜努力するのである。その結果として貧富の格差が生ずるとすれば、それは自然の成り行きであって、人間社会の免れることのできない宿命と受け止め、諦めざるをえない」と。

渋沢は人間の能力には個人差があり、能力のある者が努力し人一倍働き富を得る行為は、国家を豊かにする原動力である、と説いている。個人差を無視して、富者がいるから貧者がいるという理屈で、富の平等化を主張する考え方を厳しく批判している。

11 貧富の格差とサッチャリズム

すこし脇道にそれるが、ここまで書いてきて、市場経済の下では「貧富の格差が生まれるのは避けられない」とする渋沢の考え方は、1970年代末に英国病の克服を目指して首相に就任したマーガレット・サッチャーの考え方と極めて似ていることに気付いた。筆者は70年代後半から90年代初めまで約10年余、小さな政府を目指して英国病克服に取り組んだ彼女の経済政策、いわゆるサッチャリズムを新聞社の欧州駐在記者として直接取材し、「サッチャリズム」（1989年、中央公論社）を出版した。

サッチャーは戦後、英国病といわれるほど、イギリス経済が停滞してしまった原因は、「揺りかごから墓場まで」を掲げ、労働党政権の下で大きな政府を目指したことに原因があると指摘する。主要企業を国有化し、賃上げを求めて労働組合はストライキを連発し、「第二の政府」と言われるほど大きな力を持った。人々は働かなくなった。累進課税によって富者の所得税を大幅に引き上げ、貧者に再分配した。国有化された企業の国際競争力は低下の一途をたどった。高水準の年金支給、医療費負担の無料化などで財政赤字は膨らみ、経済成長率はマイナスに沈んだ
このような現状を前に、サッチャーは次のように国民に呼びかけた。

「金持ちを貧しくさせたからといって、貧しい人たちが豊かになるわけではない」「強者なくして、だれが弱者に与えるのだろうか。成功者を押さえつけることは、助けを必要としている弱者を痛みつけることにほかならない」

渋沢の主張と驚くほど似ているではないか。明治維新によって、経済近代化めざして歩み始めた初期の資本主義経済を生きた渋沢は、今日に通ずる資本主義経済の根底に潜む貧富の格差拡大のメカニズムを鋭く見抜いていた。

ただし万事がバランス主義者の渋沢は、次の部分を加えることも忘れない。

「とはいえ、常に富者と貧者の関係を円滑にして両者の調和を図るための努力をすることは、見識のある者に課せられた義務である。（貧富の格差は）自然の成り行きだし、人間社会の避けられない定めだとして、放置しておけば由々しき事態を招くのも自然の成り行きだ。だから禍が小さいうちに防ぐために王道を広げていくことを願っている」と結んでいる。

富者と貧者が社会に存在することは仕方がないこと。だからといってそれを野放し

にしておけば禍が大きく膨らみ手に負えなくなる。富者は貧者に対する思いやりの心を持ち、貧者も富者をうらやむだけでなく自ら立ち上がる努力を惜しむべきではない。そうでなければ調和のある社会は築けない、と渋沢は指摘する。

資産格差拡大で分断進む米国

「貧富の格差を放置しておけば、由々しき事態に陥る」という渋沢の予言は、貧富の格差拡大、中産階級の没落を引き起こし、一枚岩だった社会を分断社会に転落させてしまった最近のアメリカを見れば明らかだろう。

表面的にはアメリカ型資本主義は世界を席巻し成功したかに見えるが、一歩内部に踏み込むとアメリカ型資本主義の弊害のマグマが燃えたぎり、爆発寸前の状態に追い込まれている。自由競争を前提とした経済システムの下では、能力のある者が栄え、能力のない者が没落せざるを得ない。それが資本主義の本質である。一握りの勝者と大部分の敗者の間の所得格差を放置し、拡大させれば社会不安を招き混乱が生じる。富める者がさらに富み、貧しい者がさらに困窮する。時間の経過と共に貧富の二極分化が進む現象をグラフ化すると、K字型になる。富める者の所得は右肩上がり、貧しい者の所得は右下がりとなり、両者の乖離幅は時間の経過につれて拡大している。

1989年の上位10％の所得比率は38％だったが、30年後の2019年には45％に上昇している。逆に下位50％は17％から13％へ減少している。

「つくられた格差　不公平税制が生んだ所得の不平等」（エマニュエル・サエズ、ガブリエル・ズックマン著、光文社）によると、2019年現在、米国の労働者階級（所得階層の下位50％）約1億2000万人の年平均所得は1万8500ドル（約220万円）に過ぎない。米国の人口（3億2900万人）の36％が220万円程度の生活を強いられていることに驚く。

また上位1％（約240万人）の年間平均所得は150万ドル（約1億5000万円）にもなる。その頂点にいるのがジェフ・ベソス（資産13兆円）、ビル・ゲイツ（同10兆円）、ウォーレン・バフェット（同8兆円）らの超富豪たちだ。今年（23年）6月、ブルームバーグ通信が明らかにした世界一の金持ちは、電気自動車テスラCEO（最高経営責任者）のイーロン・マスクで、資産額は約27兆円にもなる。

一方、株式や債券、現預金、土地や家屋などを加えた総資産の保有シェアを比較すると、富者と貧者の資産格差がさらに目立つ。1989年当時、上位1％の資産シェアは30％、下位50％のシェアは3％だった。30年後の2010年には上位1％のシェアは37％に上昇した一方、下位50％のシェアは1％まで低下しており、貧富の格差が拡大していることが分かる。さらに、上位層（90〜99％）の比率がわずかに上昇したが、中間層（50〜90％）のシェアは30％から22％へ縮小している。つまり、米国の資産上位10％のシェアは上昇しているが、それ以下の中間・下位層のシェアダウンが目立ち、資産格差がさらに拡大している。

過去30年間に急速に進んだこうした格差が、アメリカンドリームに代表される伝統的なアメリカの価値観を崩壊させ、他国との協調路線の放棄、自国第一主義の台頭を招き、アメリカ社会の分断を広げている。アメリカ型の剝き出しの資本主義は成功したがために限度を超えた所得格差を生み、崩壊のピンチに追い込まれている。トランプ前大統領（在任期間17年1月〜21年1月）は分断社会の負け組に訴えることで登場してきた異端児である。

渋沢がこの事実を知れば、「私が愛した資本主義ではない」と眉をひそめたに違いない。

12 渋沢と福沢諭吉

身分制度、男女差別への憎悪で一致

渋沢の社会問題への取り組みについて触れておこう。経済を発展させるための手段としてフランス滞在中に知った合本組織（株式会社）がその後の渋沢の人生に大きな影響を与えたことは繰り返し指摘してきた。全国各地から有能な人材と資金を集め、株式会社を設立する。株式会社は「道徳と経済の両立」を前提に適正な利益をあげ、会社を大きくする。多くの産業分野で株式会社が生まれ、成長することが日本を豊かにする。実業界が国家に貢献する道はこれ以外にないというのが渋沢の信念であり、それは終生変わらなかった。

渋沢は欧州各地を訪れ、株式会社が国を豊かにする姿を実際に目撃した。身分制度のない欧州では実業人の地位が高く、ベルギーを訪問した時には、国王がベルギー産鉄鋼のセールスをしている姿に驚いた。

それに反し、江戸時代の日本は「士農工商」の身分制度でがんじがらめに縛られていた。一番偉いのは武士で、それ以外の農工商はたとえ才能があっても身分の低い者として一人前に扱われなかった。逆に無能でも武士階級に生まれれば威張って過ごすことができた。

青年時代の渋沢は血洗島村（深谷市）で家業の農業に従事していた。実家はアイ（藍）の栽培、染料となる藍玉の製造・販売で利益をあげ、周辺農家が一目置く豪農で、父親は苗字帯刀を許されていた。血洗島村は岡部藩の領地で、領主からご用達と称して不定期にかつ一方的にお金の提供を強いられる。

渋沢が17歳の時、岡部藩の陣屋（代官所）から呼び出しがあった。父親の代理として、2人の仲間と共に出向いた。平身低頭して待つと、知性も教養もないような代官が尊大な口調で、それぞれ金額は異なるが多額の御用金を3人に申し渡した。他の2人は責任者当人が出席しており、その場で受け入れたが、渋沢は「父の代理としてきたので、持ち帰って相談したい」と答えた。すると、代官は烈火のごとく怒り、「今すぐ返事せよ」「貴様はつまらぬ男だ」と罵倒した。「百姓をしている限り、彼らのような、いわば虫けら同様の知恵も分別もない者に軽蔑される、残念千万なことだ」と渋沢は悔しがっている。

渋沢が身分制度のない社会こそ国を豊かにするための土台だと考えるようになったのは、若き日、代官所で経験した屈辱心だった。身分制度がなければ、全国から有能な人材を集め、適材適所で活用し、国家の発展に貢献してもらえる。身分制度は悪しき制度であり、一刻も早く追放しなければならないと渋沢は考えた。

一方、封建時代の身分制度が近代日本の発展の障害になっていることをいち早く見抜き、批判した学者が5歳年上の福沢諭吉だった。中津藩（現・大分県中津市）の下級武士出身の福沢は、身分が低ければ有能な人物でも出世できず、逆に無能な人物でも家柄が高ければ厚遇されるがんじがらめの身分制度に悲憤慷慨している。福沢は『福翁自伝』の中で、「門閥制度は親の敵《かたき》でござる」と述べている。門閥制度とは、生まれや家柄によって身分が決まってしまい、どんなに努力してもそこから抜け出せない制度のことだ。

福沢はさらに主著『学問のすすめ』の冒頭で、「天は人の上に人を造らず、人の下に人を造らず」と述べている。「人は生まれながらにして貴賤・貧富の別なし。ただ学問を勤めて物事を良く知る者は、貴人となり富人となり、無学なる者は貧人となり下人となるなり」と指摘している。渋沢の考え方とぴったり重なる。

共に身分制度を憎悪する渋沢と福沢の出会いは、渋沢が大蔵省時代に福沢邸を訪ねた時（1869年）が最初である。渋沢が租税、貨幣、土地制度などの計量基準の相談に訪れたところ、福沢は渋沢の相談をそっちのけにして、出版間もない『西洋事情』を取り出して、一方的にその内容を教えようとする姿勢に終始した。渋沢はこの時、変わった人物だと福沢にネガテブな印象を抱いたという。

二人の関係はそれ以来空白の時代が続いたが、25年後の94年、日清戦争を機に両者は再会し、親交が深まった。渋沢と福沢は「出征兵士の家族の支援、戦病死者の慰問・弔問計画」を立案した。福沢は自ら創刊した「時事新報」でキャンペーン、渋沢は企業に働きかけ寄付金を集めた。役割分担で成果を上げた二人の信頼関係は深まった。渋沢は、福沢の「国の発展は富の力に依存する」「実業に生かせる学問をせよ」などの発言を取り上げ、説得力あると高く評価した。福沢も60歳の時に刊行した『実業論』の中で、「（もし渋沢について）、明治政府の一員と実業界の第一人者として、どちらが栄誉かと尋ねるものがいたら、私は後者であると即答する」述べている。福沢もまた実業人としての渋沢を高く評価していたことがわかる。

男女差別の解消でも意気投合

身分制度と関連して、渋沢は男女差別の弊害についても言及している。『論語と算盤』の9章「教育と情誼」では、江戸時代の女子教育の教科書とされてきた貝原益軒の『女大学』に言及し、「智の方は一切閑却され、消極的に自己を慎むことばかり重きをおいたものだ」と批判している。その上で、「女性は封建時代のように無教養で（男性より低い）馬鹿にしたような扱いをしてよいのか。それともふさわしい教育を受け、自分を磨き、家庭をまとめる人の道を教えるべきか」と自問し、「もちろん、女性だからといって教育をおろそかにしてはならない」と自答している。そして「女性も社会の一員、社会の構成員である。だからこそ、（封建時代のように）女性に対する侮辱したような態度を改め、男性と同じ国民としての才能や知恵、道徳を与え、ともに助け合っていかなければならない。そうなれば、5000万人の国民のうち、2500万人しか役に立たなかったのが、さらに2500万人を活用できるではないか。これからは大いに女性教育を広げていかなければならない」と持論を展開する。

有言実行の渋沢は女性教育に力を入れ、日本女子教育奨励会、日本女子大学、東京女学館、日本女子高等商業学校（嘉悦大学）などの創設に参加、支援、協力をしている。

福沢も『学問のすすめ』の中で、『女大学』を厳しく批判している。『女大学』に「婦人は三界に家無し」と書いてある。幼き時に父母に従うのはもっともなことだが、嫁ぎ先の亭主が「酒を飲み、女郎に耽り、妻をののしり、子を叱り、放蕩淫乱を尽くすとも、婦人はこれに従わなければならないのか」と憤っている。福沢は女性の解放、近代的家庭道徳の樹立を前提とした夫婦中心の新しい家庭像を提唱、実践している。この点でも渋沢と重なっている。

渋沢と福沢が働き盛りの時代にもっと親交を深めていれば、さらに何か〝サプライズ〟が起こったのではないかと思うとちょっと残念な気持ちがする。

13 養育院の育成に半生かける

渋沢は500を超す企業の創設に携わった実業人だが、身分制度、男尊女卑など社会生活の進歩の妨げになっている課題にも取り組んだ。慈善事業への取り組みもその一つだ。

国を豊かにするためには、社会を構成する人々が品位、礼節を保ち生きていける社会環境が必要だが、その実現は〝絵に描いた餅〟に似ている。世の中には豊かな生活ができる少数の恵まれた人、様々な理由で貧しい生活を強いられる人、体が弱く働けない人、災害や両親の早死などで社会に放り出された孤児ら多くの弱者が社会の底辺に沈んでいる。

渋沢の関心は社会の底辺に沈む人たちの救済にも注がれ、並々ならぬ決意と努力でその解決に取り組んだ。

その一つが養育院である。渋沢の談話などをまとめた『青淵回顧録』（1937年初版）によると、養育院創設のいきさつを次のように語っている。「明治初年に東京遷都が実行されると、幕府瓦解の影響で江戸市中は大混乱に陥った。働くに職なく、食うに糧なき窮民が一時に激増して、飢えて道端に横たわる者が数知れぬという有様で、その惨状は名状すべからざるものがあった」と。東京府もこれを放置しておくことができず、1872（明治5）年に当時の大久保一翁知事が救済計画を打ち出した。これが養育院の始まりであり、その原資が江戸時代、松平定信が創った貧民救済資金「七分積金」だった。

73年、渋沢が大蔵省を辞めて実業界に転進した当時、「東京会議所」というものがあった。前年に「東京営繕会議所」として発足したもので、社会・福祉インフラ形成財団のような組織だ。道路・橋梁の修理、養育院事務、共同墓地事務、ガス灯および外灯事務などを管理経営していた。

営繕会議所の委員に任命されていた渋沢は、東京会議所に名称変更後、会頭に選出された。その関係で創設された養育院の事務長に任命された。養育院は首都東京の困窮者、病者、孤児、老人、障害者の保護施設として設立されたもので、渋沢は79年、養育院初代院長に就任し91歳で亡くなるまで約50年間院長を続け、本院のほかに分院、専門施設を開設して事業を拡大した。養育院は当初本郷加賀藩邸跡（現在の東京大学）

の空長屋に設置された。その後、上野（現在の東京芸術大学の校地）、神田、本所、大塚と移転を繰り返し、関東大震災後に板橋区にようやく終の棲家を見つけた。官営とはいえいかに養育院が軽く扱われ、存在感が薄かったことが分かる。渋沢が院長をしていなければ潰れてしまっていたかもしれない。

「明治15、16年ごろ東京府の財政難から府議会が金を出さぬ事になって、養育院は廃止される運命になった。その時、私は大いにこれを憂えて各方面に奔走し、有志者から義援金を求めなんとか危機を乗り切った」（意訳）と渋沢は述べている。戦後、養育院は東京都の福祉事業の中核となり、1972（昭和47）年には付属機関として都養育院附属病院が設立された（86年、都老人医療センターに改名）。99年には都養育院条例の廃止に伴い養育院の名称は消滅したが、都健康長寿医療センターに名称を変え、都の福祉事業に大きな役割を担っている。

養老院院長を半世紀に及んで務めた渋沢は、毎月本院、分院に通っただけでなく、病室まで出かけ、患者と面談し励ますことを心がけた。渋沢の妻や娘も時間を見つけて養育院にでかけ、入居者の世話をした。養育院は渋沢家の日常生活の一部になっていた。

パリでバザーを知る

渋沢が慈善事業とは何かを知ったのはパリ駐在の時だった。その経緯を次のように述べている。

「私が維新の前に徳川民部公子（昭武）に随行してパリに留学していた当時の事だが、ある日パリ居住の陸軍将官の夫人の名で書面が参り、『今年の冬はよほど寒いようであるから、パリ市民の貧民を温かくしてやりたいと思う。ついては来る何日に某所へ来てぜひ何か買ってください』という依頼が書いてあった」

渋沢は当時、バザー（慈善市）を知らなかったため、フランス人の知人に聞いてみた。知人によると、紳士方に依頼して義援金をだしてもらい、それを貧民院などに寄付する制度だが、直接お金を寄付するのではなく、バザーに出かけてそこで品物を買ったお金が義援金になる、とのことだった。必ずしも、バザーに行かなくてもよいという。

「昭武の体面も考えていくらぐらい出せばいいか聞いたところ、多くて4、5百フラン、少なければ50フラン、という話だった。その時は、確か100フランばかり寄付した、と記憶している。ところがその後、何か品物を送ってきて、『この品物を買い取ってくださりありがとう』と礼状が添えられていた」

「そこで初めてバザーという事の性質が解り、博愛済衆《はくあいさいしゅう》の趣旨に適って良いことであると感心した。日本に帰ったならば、ぜひともこういうような習慣を作りたいと思った」

そうして渋沢は「幸福に富んでいる者が不幸な者を救うという考え方は、儒教でも仏教でもキリスト教でも奨めている。だが、自分は宗教とは離れ、社会政策として慈善事業をすることが望ましいと考えているので、日本でもバザーのような制度が必要ではないか」と述べている。

渋沢によると、当時の日本には慈善に反対の意見がかなり多かったようだ。

「世間のいわゆる不幸な者の中には、不慮の災厄にかかってここに至った者もあるが、また自暴自棄の結果自ら求めて不幸の地位に陥る者も決して少なくない。しかるにこれを社会が救うという事になると、ますます自暴自棄の弊風を助長して、自分は怠けてそれがために貧乏になっても、その時は社会が救ってくれるから心配はいらぬというようになり、各人の勤勉心を阻喪せしめ、社会の発展進歩を妨害することになる。富者が貧者を救うことは立派な論であるが、貧者を甘やかせてしまうので、慈善はよろしくない」(意訳)というのが反対論の大体の意見である、と渋沢は解説する。

そのうえで、「もっともな意見にも思えるが、自分は違う」として、「小児が井戸に堕ちたのを見ていながら救わぬでもよいものだろうか」と問いかける。

「養育院は博愛済衆の主義からできたものだが、その本来の使命はそればかりではなく、社会の害悪を未発、または未然に防止するもので、重大な社会政策を意味している」（意訳）と述べている。

養育院では▽老衰の貧民▽行路病者▽棄児、窮児――の3部門の強化を目指しているが、特に棄児、窮児を収容する感化部を重視している。その理由について、渋沢は「前途に多くの望みのある小児は将来立派な国民になるものであるから、気息奄々たる引取人のない行路病者や老衰者等と同一のところで養うのは好ましくない」と指摘し、感化部の場所を別に用意するなどの配慮をしている。社会事業家としての確かな視座が感じられる。

14 日本人移民排斥の沈静化に尽力

渋沢が晩年、特に力を入れたのが民間による対米外交だった。幕末から明治維新にかけて日本とアメリカとの外交関係は比較的良好だった。江戸末期の1853年、アメリカの東インド艦隊司令長官ペリーが4隻の蒸気船を率いて神奈川県浦賀沖に現れ、日本に開国を求めた。「黒船の来襲」で日本国中が大騒ぎになったが、これを機に日本の開国は一気に進んだ。60年には勝海舟、福沢諭吉など総勢90人が「咸臨丸」で太平洋を横断、出航37日目にサンフランシスコに入港すると、市民から大歓迎を受けた。明治に入ると、サンフランシスコ、ロスアンジェルスなどアメリカ西海岸へ日本人移民が急速に増えた。当初は勤勉でよく働く日本人移民の評判は概して良かった。

この良好な関係が崩れ、日本人移民排斥の最初の動きが起ったのは1906年、日露戦争で日本がロシアに勝った翌年だ。この年、サンフランシスコで、公立学校へ日本人学童の入学が拒否された。他のアジア人と同じ学校に通学すべしという市条例が制定されたのである。これに対し現地の日本人だけではなく、日本国内でも激しい反発が起き、アメリカに対する非難が強まった。日米関係の悪化を懸念したルーズベルト大統領が市当局を説得して、収束をみた。この事件はアメリカ社会内部に蓄積されてきた日本人移民に対する反感や差別が顕在化したものだった。

日露戦争に勝って日本人移民が尊大になった

渋沢は米国の潜在的な成長力をいち早く見抜き、良好な日米関係の維持がアジア・太平洋地域の安定した発展に不可欠だと考えてきた。それだけに日本人排斥運動はショックであり、何とか大事に至らぬうちに沈静化させなければならないと思った。『青淵回顧録』の中で、「日露戦争で日本がロシアに勝ってから、日本人は肩で風を切って歩くようになった。それがアメリカ人の反発を招いたのではないか」と分析している。渋沢によると、「日本の移民は他の国からの移民と少し異なっていて出稼ぎと考えている。それで金が貯まると日本へ帰ってしまうので米国を愛する国民ではないと思われている。「そんな移民なら米国にいる必要はないと思われても仕方がないのではないか」とも述べている。

さらにアメリカには農業労働者としてヨーロッパ、アフリカ、インドなどから多数

の移民が来ているが、勤勉で低賃金でもよく働く日本人に仕事を奪われ、反感を持つ者も多い。

日米の生活習慣の違いも大きな障害となっており、アメリカ人の嫌うことを平気でやってしまうなども反日意識の背景にあるようだと指摘し、渋沢は次のような事例をあげている。

「例えば、尻を捲《まく》る。立小便をする。公徳心に欠ける、子供が泣いていても捨てておく。日本人は勉強だと思っても米国人からすると野蛮だとされる。こんなことが数重なっているところを利用して、一部の政治家が反日感情を煽動する。その結果、『日本人憎し』と思うアメリカ人が多数いるような誤解を与えている」と渋沢は顔を曇らせる。

だが、このような日本人差別は道理に合わないと渋沢は考える。日米の生活習慣の違いが問題なら「郷に入れば郷に従え」で日本人側が直せばよい。英語が苦手な日本人移民も日本人だけで固まらず、現地のアメリカ人と積極的に交流すれば良い。日本人排斥運動は明らかに誤解に基づくものだが、問題が深刻化する前に原因の芽を摘み取っておかなければならない。そのために何をすべきか。日本人排斥運動は、米国社会の日常生活の中から生まれてきた誤解だけに、民間ベースの話し合いによる解決策が有効ではないか、と渋沢は思い付く。そのころ米本土には日本人移民が約12万人、そのうち約7万人がカルフォルニア州で働いており、それなりの存在感があったのだろう。

米実業団を日本に招待、民間外交の始まり

渋沢は1878（明治11）年、実業人の集まりである東京商業会議所の会頭に就任、1906年まで会頭をしていた。日本人学童入学拒否問題が起きたのは会頭辞任直後だった。当時、政府は桂太郎首相、小村寿太郎外相の時代だった。二人と昵懇だった渋沢は、カルフォルニア州および太平洋沿岸の8大商業会議所に渋沢名で手紙を出し

「一度、日本に遊びに来るように」と伝えた。これに応えて08年、アメリカ太平洋沿岸実業団が来日、渋沢は接待の陣頭指揮にあたった。これが日本の「民間外交」第一号に当たる。翌年には米国側から返礼招待があり、渋沢を団長とする渡米実業団約53人が太平洋を渡った。

約3カ月米国に滞在し各地の実業人や市民との対話旅行を続けた。最も力を入れたのが日本人移民に対する誤解解消への取り組みだった。渋沢はウイリアム・タフト大統領とも会談しており、米国での評判は上々だった。民間外交で知己になった米政財界人脈などを通して、渋沢は移民問題に限定せず、様々な日米間の問題を話し合うための常設機関、日米関係委員会の創設（16年）に尽力した。翌17年には民間中心の日米協会を創設、名誉副会長を引き受けている。渋沢77歳の時である。

だが渋沢の民間外交による努力にもかかわらず、日本人移民に対する反感は沈静化せず逆に強まるばかりで24年にはついに排日移民法案〈注2〉が米議会両院を通過し成立した。排日移民法の成立について、渋沢は大いに憤ったが、希望も捨てない。『青洲回顧録』で次のように述べている。

「米国の上下両院が感情に駆られてか、選挙に利用しようとしてか、ともかく不条理なる排日移民法を可決したのは遺憾千万である。だがこれは全米国民の総意でないことは明らかなので全然失望するにはあたらない。現に米国の新聞の論調からも明らかなように、米国には正義人道の公平なる見地から日本の立場に同情している人々も少なくない。やがてこれらの正しい意見が具体化する時機がくるだろう。私はその日の一日も速やかならんことを切望している」

何事に対しても正義、人道に沿うものであれば、一時的に不利な立場に追い込まれてもやがて修正されるという渋沢の楽観主義、何事にも諦めない人生哲学が滲みでている。

〈注2〉排日移民法＝正式名は「1924年移民法」。日本人移民だけでなく、アジアや東・南ヨーロッパ出身の移民規制を目的として、それまでの移民法を改正して規制を強化した。特にアジア出身者は全面的に移民が禁止され、その大半を占めていた日本人が結果的に排除された。このため日本では通称、排日移民法と呼ばれた。

Ⅱ部

発展へジャンプ

15 渋沢イズムと戦後の経済発展

渋沢は明治維新を機に、日本が近代化を目指すためのエンジン役を担う日本型資本主義の土台（インフラストラクチャー）、株式会社と企業家精神を創設した。いわば日本資本主義の生みの親である。インフラとしては、通貨の円滑な流通を保証する銀行制度（全国銀行協会）、企業の資金調達の場としての東京証券取引所、実業人の交流の場となった東京商業会議所、さらにビジネス人を養成する教育機関（一橋大学など）である。この経済インフラを土台として、個々の企業が適正利潤を求めて公正なルールの下で自由に競争できる市場――それが渋沢が描く資本主義である。渋沢が約５００もの企業の創設にかかわった理由もそこにある。

戦後日本の奇跡といわれた経済発展の裏には、戦前に渋沢が創設、運営にかかわった経済インフラと多くの企業群があった。この企業群は「渋沢イズム」（渋沢型経営システム）〈注3〉によって運営され、日本経済の近代化に大きく貢献した。渋沢が創設・運営に携わった企業群は様々な経験を積み、戦後日本の急速な経済発展を支えていく。この点に光を当てれば、渋沢企業群は戦後日本の経済発展を飛躍させる助走期間として重要な役割を担う存在だったと位置付けることができるだろう。別の言い方をすれば、戦前、もし渋沢企業群が存在しなければ、戦後の急速な経済発展は実現しなかったということになる。米国型経営システムとは全く異なる経営理念、哲学に基づく日本型経営システムがフル稼働して、戦後の日本は世界の奇跡と言われた高度成長を実現させた。その日本型経営システムの原型、ひな型になったのが渋沢イズムにほかならなかった。

渋沢はやみくもに企業を立ち上げたわけではない。創設にかかわった企業が将来の日本の発展にどのように貢献できるかを十分考慮した上でスタートさせている。そこで、渋沢はどのような理念、考え方から多くの企業を誕生させたのかをケーススタディとして具体的に検討したい。それが戦後日本の急速な経済発展を理解するためのカギになると筆者は考える。

〈注3〉渋沢イズム（渋沢型経営システム）＝企業性善説、企業の公益性重視、道徳と経済の両立、利他主義、労使協調、公正競争、適正利潤の追求などを一体化させた渋沢の経営理念・哲学に基づく経営システムのこと。

時代が求める先端企業の創設

《王子製紙》 渋沢が創設した約500社の第1号である。三井組（後の三井財閥）などの豪商に呼びかけ、渋沢が大蔵省を辞任した1873（明治6）年に早くも設立している（設立時は「抄紙会社」、93年王子製紙に社名変更）。

パリ滞在中、渋沢は西洋の経済や行政、政治の仕組み、郵便などの情報伝達、さらに様々な個別企業の事業をつぶさに観察している。その見聞の一つに新聞による情報伝達の速さがある。数日前に起こったニュースの詳細が今日の新聞に載っている。それが多くの人に読まれ、社会や政治、経済を変えていく。情報伝達に時間がかかる日本と比べ、その速さに驚愕したと述べている。なぜそれが可能になったのか。大量の紙（新聞用紙）を生産できる製紙会社が存在したからだ。経済活動の交換手段として欠かせない紙幣も紙で作られている。日本にも昔から和紙があるが量産ができない。洋紙を造る製紙会社を日本にも設立しよう、こんな渋沢の思いが王子製紙で実現した。

3年後の76年には王子製紙の隣（北区王子）に紙幣の紙をつくる大蔵省抄紙局（現国立印刷局王子工場）が操業を開始した。翌年、国産初の1円紙幣がここで印刷され市場に流通した。以後、21世紀に入る直前まで、すべての紙幣の紙づくりを担ってきた。新聞社にも新聞用紙を提供した。情報提供機関として日本に多くの新聞社が設立され、経済活動や政治の民主化、さらに教育、文化、娯楽などの普及に貢献した。王子製紙を筆頭にそれに続く新規の製紙会社が続々と誕生し、潤沢に洋紙を提供できたおかげである。その王子製紙も後で述べる戦後の財閥解体で3社に分割された。その一つ十条製紙（現日本製紙）は創業時の工場の跡地を引き継ぎ今日に至っている。

《日本煉瓦製造会社》渋沢の起業でもう一つ、印象深いのが87年に自ら発起人になり創設した日本煉瓦製造会社である。同社の工場は渋沢の故郷、深谷市に建設された。

明治政府は86年に洋風建築を官公庁に取り入れるため臨時建築局を設置。政府主導で官営の煉瓦工場を建設する計画だったが、資金面から断念し、民間の工場で製造されたものを買い上げることに方針を転換した。渋沢に相談があった。渋沢も欧州滞在中、煉瓦を使った様々な建造物の美しさに感銘を受けたことから政府の相談を受け入れ、煉瓦工場の建設に踏み切った。

同社の最大の特徴は外国人技師を招き、日本初の機械式レンガ工場を造ったこと。工場の建設に招聘された外国人技術者は2人のドイツ人だった。ナスチェンテス・チーゼは粘土採掘地の調査、煉瓦製造、エルンスト・エーメーは機器の買入と設置を担当

2012年に修復工事を終えた東京駅（丸の内側）

した。当時の日本では工場新設に当たって、欧米から技術者を招き、最先端の工場建設に取り組む事例が多く見られたが、渋沢の煉瓦工場はお抱え外国人による工場建設の代表的事例といえるだろう。これをきっかけに、煉瓦工場が相次ぎ設立され、煉瓦を使った官公庁、学校、ホテル、個人邸宅など洋風建築が全国各地に瞬く間に広がった。1914（大正3）年には東京駅の丸の内駅舎が竣工した。鉄骨赤煉瓦造りの建築物で、使用煉瓦は渋沢が設立した日本煉瓦製造が造ったものだ。

日本煉瓦製造は2006年、太平洋セメントの子会社となり、歴史ある社名は姿を消したが、煉瓦造りの洋風建築を支えた最初の企業として建築史ににその名を残している。ちなみに24年7月に発行される新1万円札の裏側には煉瓦造りの東京駅丸の内駅舎が描かれている。

《清水建設》ゼネコン大手、清水建設との関係も渋沢の人柄を知るうえで興味深い。清水建設（当時清水屋）は1804（文化元）年、富山市出身の大工、清水喜助が神田鍛冶町で創業した。71年に二代喜助が第一国立銀行（当時三井組ハウス）の建築を請け負った。

日本にまだ西洋建築がほとんどない時代だったが、二代喜助は外国人技師の指導を受けず、独力で研究を重ね、堂々とした洋館を完成させた。後に第一銀行頭取になる渋沢は二代喜助の心意気と技量を高く評価、両者の信頼感は深まった。清水建設との関係がより深くなったのは、87年に34歳の若さで死んだ三代満之助が手帳に「あとのことは渋沢さんに頼め」と書き残していたことによる。8歳の長男が四代満之助を襲名した際に請われて同社の相談役に就任した。多忙な時間をやりくりして決算書に目を通し例会に出席し、社員たちに訓話をした。自らの屋敷の建設を発注したほか、第一銀行などの銀行、商店事務所、学校などかなりの数の建設を同社に紹介し、経営を助けた。五代目の清水釘吉は「行き詰まりかけていた清水組は子爵のお陰で再建するに至ったのである」と書き残し、渋沢に感謝している。

清水建設では道理に適った企業活動によって社会に貢献し、結果として適正な利潤を得て社業を発展させるという『論語と算盤』の教えを社是として今日まで引き継いでいる。そのこともあって旧渋沢邸を青森県から東京都江東区の同社敷地内に移修復、新1万円札が発行される2024年に一般公開する（囲み参照）。

同社は12年、東京・京橋に新本社ビルを竣工させた。地下3階地上22階、延べ床面積約5万平方メートルのオフィスビルだ。最大の特徴はその時点で利用できる最先端の技術を総動員した環境配慮型のビルだ。竣工した12年はカーボンハーフ（CO_2排出半減）ビルからスタートした。パソコンの節電制御システムの開発、輻射空調の採用、オフィス内の照明はすべてLEDを採用、窓辺の太陽光パネルは発電効率の高い多結晶型、ビル側面などには透明性の薄膜型パネルを約2000平方メートル設置した。この結果、12年の新本社のCO_2排出量は通常のビルと比べ62％減を達成した。将来のカーボンゼロ達成を目指した挑戦は現在も続いている。渋沢が目指す世のため、人のためになる事業の展開は間違いなく継承されている。

○旧渋沢邸、145年ぶり里帰り

清水建設2代目喜助を高く評価していた渋沢は自宅の建設を依頼、1878（明治11）年に深川区福住町（現在の江東区永代）に竣工した。当初の渋沢邸は木造和風だったが、1908（明治41）年に三田綱町（現在の港区三田）に移築された後、洋館が増築されて現在は和洋折衷型の姿（建設面積921㎡、延床面積1204㎡）になった。

戦後に国有化され、大蔵大臣公邸、三田共有会議所として約40年にわたり中央省庁の会議所として使われたが、老朽化と道路拡張のために取り壊しの危機が迫ってきた。この時、かつて渋沢家の書生を務めた杉本行雄（当時、十和田観光開発社長）が旧恩に報いたいと懇願

古牧温泉敷地内当時の旧渋沢邸
（画像提供：清水建設）

した結果、払い下げが認められ、1991年に青森県六戸町の古牧温泉敷地内に移築された（その後星野リゾート青森屋に）。こうした移設や洋館増築はすべて清水建設が手掛けた。

同社は2018年、この旧渋沢邸を取得。翌年から移築に向けた解体作業に着手、2万数千点に及んだ木材部材については専門家のアドバイスを受け修繕した。20年に移築工事に着手、3年をかけて江東区塩見2丁目に同社が所有する研究開発拠点の敷地内に移築した。全く同じ場所ではないが最初の場所の近くである。この間、江東区から「旧渋沢家住宅（部材）」として文化財指定を受けた。24年の新1万円札発行に合わせて一般公開される。

関東大震災、太平洋戦争を乗り越え、解体リスクも免れ、明治、大正、昭和、平成の4つの時代を生き抜いて令和に引き継がれた「旧渋沢邸」の数奇な運命に日本資本主義の将来を見守りたい渋沢の執念を感じる。

16 国立銀行条例制定に尽力

渋沢が創設ないし直接運営に携わった約500社をつぶさに観察すると、経済活動に欠かせない金融機関、生産や日常生活に必要な電気やガスなどのエネルギー供給企業、人や物資の輸送に携わる鉄道など経済活動を支えるインフラ関連企業の創設・運営に並々ならぬ意欲で取り組んだことが分かる。

パリ駐在時代、公債と鉄道株で500両稼ぐ

渋沢が経済活動を円滑に行うために最も重視したのが金融制度の確立だった。経済活動に必要な紙幣の流通、企業の資金調達などが一定のルールの下で実施されれば、経済活動は活発になり、全体の経済も発展する。そのためにはしっかりした金融制度の確立、金融機関の設立が急務だと渋沢は考えた。第一国立銀行の創設には渋沢のそんな願いが込められている。

パリ万博使節団として訪欧した際、渋沢が会計・財務に優れていたことから、使節団一行の宿舎の手配、視察旅行計画、さらに幕府派遣留学生の生活費など財務、庶務の担当を一手に引き受けた。その関係で、渋沢は銀行の基本的な役割を誰よりも理解していた。

出資者から資金を集め、一定の貸し出し金利で様々な企業に資金を貸し出す。それが銀行の基本的な役割だ。

資金を借りた企業はその資金を新たな事業に投資し、借入金利を上回る利益をあげ、銀行に借入金を返済する。

企業業績が拡大すれば、さらに銀行から資金を借り、投資に振り向け拡大再生産に乗り出す。銀行と企業のお金をめぐる貸借関係が順調に拡大し好循環で回り出せば、全体の経済活動は活発になる。国や企業が公債や社債などを発行する場合も、発行額、返還期間、表面利率、さらに販売方法など細かな金融商品の設計が必要になる。それも銀行の仕事である。

新しいもの好きで、すぐ実行したくなる渋沢は、パリ駐在中約2万両でフランスの公債と鉄道会社の株式を購入した。昭武の留学費や使節団一行の生活費などを賄うため、知人のフランス人から勧められたものだが、明治維新になり急きょ帰国することになりそれらを売却した。わずかな期間だったにもかかわらず500〜600両近く儲けたという。

静岡商法会所を設立、藩の財政再建

帰国後、渋沢は主君だった徳川慶喜の居城、静岡藩に出向いた。1868（明治元）年の末だった。渋沢は静岡藩の財政立て直しのため、翌69年に自らのアイデアで静岡商法会所を設立し、頭取に就任した。銀行と商業の折衷事業をするための組織だ。

当時、明治政府は約5000万両の紙幣を発行し、軍事費などの経費を賄おうとしたが、紙幣の信用がなくほとんど流通しなかった。そこで政府は諸藩の石高に応じ、新紙幣を貸し付ける「石高拝借金」制度を導入した。年利3分の利子で13年償還の貸付制度である。静岡藩には約50万両が貸し付けられた。渋沢はこの資金を使い、商品抵当の貸付金、定期当座の預り金などの銀行業務、さらに農業奨励のため京阪地方から米穀、肥料などを購入した。米穀は値段が上がれば売却し利益を出した。肥料は駿河領内の村々に貸し出し、応分の利益を得るなどの商業活動にも精を出した。これにより、静岡藩の財政は短期間に改善に向かった。

大隈重信の引きで大蔵官僚に

その年の秋、政府から突然呼び出しがあり、金融実務に強い渋沢に大蔵省勤務が命じられた。当時大蔵省のボスだった大隈重信の強い引きがあった。今でいえば、局長クラスで迎え入れられたのである。渋沢は大蔵省が取り組むべき法律や制度の新設、改正などを討議、検討する場として、改正掛の設置を提案し受け入れられた。改正掛は、度量衡の改正や廃藩置県、地租改正、国立銀行条例、郵便制度の創設、富岡製糸場の設立、貨幣制度の改正、鉄道の敷設、諸官庁の建設などの企画や調査に取り組んだ。

この中で、渋沢が中心になって調査・立案に取り組んだ一つが国立銀行条例だった。72（明治5）年8月に法律として成立した。国立銀行条例の最大の目的は、不換紙幣の整理と紙幣の円滑な流通を目指し、一定の条件の下で、国ではなく、民間銀行に兌換紙幣の発行を認める法律だ。兌換紙幣とは金貨と交換できる紙幣だ。当時、政府の金不足はかなり深刻で民間に肩代わりをさせる意図もあった。

国立銀行条例が交付される前年の71年、政府は新しい貨幣制度確立のため、新貨条例を公布した。江戸時代の複雑な貨幣制度を整理して、貨幣単位を円、補助単位を銭、厘とした。新貨条例の柱の一つは１００円札を金１５０グラムと交換できることを定めたことだ。金本位制の導入だ。

条例は国立銀行の資本金を5万円以上とし、一定の金額を政府に納付し公債を購入、この公債を担保に同額の兌換紙幣を発効できる。資本金の10分の4を正貨（金貨）で払い込み、兌換のための準備金にする規定も定められた。法律名にある「国立銀行」という名称だが、国営銀行という意味ではなく、国立銀行条例に基づいて開設された銀行という意味で、民間資本で運営される民間銀行である。

ところが、銀行条例に従って、実際に業務に携わってみると、いろいろ不便があることが分かった。そこで渋沢は実際の経験に基づき、銀行条例の短所、欠点を詳細に洗い出し、大蔵省に条例改正を建議した。同省もこれを受け入れ76年、国立銀行条例が改正された。改正の柱は金本位制の修正だった。実際に銀行業務に携わってみると、金準備が極端に不足していた。このため、日常取引では銀貨が主に使われていた。76年の改正ではこの矛盾を解決するため、金銀複本位制が導入された〈注4〉。渋沢は「この改正が適切だったようで、それ以降、国立銀行、並びに私立銀行の創設が相次ぎ、その数は全国で百十数にのぼった」と述べている。

〈注4〉通貨制度＝1872（明治5）年の銀行条例で金本位制、76年の条例改正で金銀複本位制、85年に銀本位制、さらに日清戦争（94～95年）で得た巨額な賠償金、2億両（約3億円）の一部を金準備に充てて97年には金本位制復帰、と変遷を重ねた。

初の銀行団体、択善会の設立

渋沢は銀行が多数誕生したため、条例改正翌年の77年、同業者の親睦と営業の得失などを研究する組織体として、「択善会」を発足させた。択善会は渋沢の第一国立銀行内にその事務所を設けた。択善会の意味について、渋沢は論語の「択んで善に尻《お》らずんば安《いずく》んぞ知るを得ん」という語句から引用したと述べている。世のため人のためになる善い活動をするための組織にしたいという渋沢の気持ちが込められている。

択善会の例会は月1回、第一国立銀行で開いた。銀行紙幣交換方法，不換紙幣の整理、海外の金融事情の翻訳・公開など当時としては画期的な勉強会だった。択善会は紆余曲折を経て、東京在住の銀行だけではなく、大阪、九州、四国など全国の銀行が加わり大組織になったため、82年に択善会は解散、新たに東京銀行集会所を設立、渋沢は択善会に続き、委員長を務めている。

話は前後するが、渋沢は東京銀行集会所を足場に79年、大阪に「大阪手形交換所」を設立した。企業同士の取引で代金を後払いする際に使われる約束手形を取り扱う場である。渋沢は兼ねてより、製品取引の際、現金決済の非効率を指摘し、手形取引の利便性を強調してきた。ちなみに大阪手形交換所は２０２２年11月に１４３年の歴史に幕を閉じ、「電子交換所」として生まれ変わった。

手形交換所の設立と並行し、企業の財務内容などをチェックする信用調査機関として、「東京興信所」、「商業興信所」（大阪）も日銀の補助金、助成金などの資金援助を受け発足させている。

ちなみに択善会は東京銀行集会所などを経て、今日の全国銀行協会に発展的に引き継がれている。

17 国立第一銀行創設と頭取就任

話は前後するが、渋沢が実業人として長く拠点としてきた国立第一銀行創設に至る経緯について触れておこう。渋沢は懇意にしている財閥の三井組、小野組に働きかけ、国立銀行条例に基づく日本最初の近代的銀行、国立第一銀行を創設した。国立銀行条例公布の翌年、1873（明治6）年のことである。

新銀行は東京市日本橋区兜町に設置された。資本金250万円のうち、三井組、小野組がそれぞれ100万円ずつ出資した。両組からそれぞれ頭取を出し、その上に経営の最高責任者として総監役が置かれた。総監役は大蔵省で国立銀行条例の立案に当たった渋沢が就任した。官僚のままでは総監役に就任できないため、渋沢は大蔵省を辞し、総監役に就任したのである。その当時、渋沢は陸海軍の軍備増強のため財政支出拡大を求める大蔵卿、大久保利通に対し均衡財政堅持の立場から反対していた。それが受け入れられず、辞任の腹を決めたとされる。官支配の弊害を打ち破るため、あえて民間でビジネスの仕事をしたいと考えていた渋沢には渡りに船だった。

本店における創立総会は73年6月だったが、早くも8月1日から営業を開始した。本店のほか大阪、神戸の3支店も開設した。翌74年には京都支店もできた。だが必ずしも順風満帆というわけにはいかなかった。この年、小野組が倒産し、第一銀行は減資を余儀なくされる苦境に追い込まれた。危機打開のため、渋沢は75年、頭取に就任して直接陣頭指揮をした。渋沢の下で、第一銀行は一般業務のほかに政府委託による官金出納事務を一手に引き受け、苦境から抜け出た。以後、1916（大正5）年に頭取を辞めるまで約40年間、第一銀行を足場に経済界を代表するトップの一人として活躍する。

前回も触れたが、1876年に国立銀行条例の改正が行われ、不換紙幣の発行、金禄公債を原資とすることも認められた。条例改正を機に、横浜に第二国立銀行、東京に第三国立銀行、新潟に第四国立銀行、大阪に第5国立銀行など設立の順番を示すナンバー銀行が次々と設立される。金禄公債〈注5〉を持ち寄り、元武士グループが銀行設立に乗り出すケースもあった。79年までに全国に153の国立銀行が設立された。

〈注5〉金禄公債＝明治政府が旧公家・藩主・武士に交付した公債のこと。公債の利率は、5分、6分、7分、1割と細かく定められ、5年据え置き、6年目から償還をはじめる。金禄公債と引き換えに家禄支給は廃止された。

78年3月、政府は殖産奨励の資金調達のため一般国民を対象に総額1250万円の起業公債の発行を決め、募集を開始した。起業公債証書の発行、販売などの事務取扱は第一銀行と三井銀行に委ねられた。証書額面は100円、発行価格は80円、利子6分という魅力的内容だったため、発売3カ月で完売した。政府はこれを築港、道路、鉱山鉄道などの開発、整備に振り向けた。起業公債は国民を対象にした最初の公債だったが、第一銀行にとっては発展の起爆剤になった。この機に全国に支店網を築く。数年のうちに、盛岡支店、秋田支店、新潟支店、四日市支店、宇都宮支店、金沢支店などが設立された。日本に限らず、韓国の仁川支店、釜山支店、中国の上海、香港には駐在員事務所を設けた。

日本銀行創設、割引委員就任

明治維新以降、政府は資金調達を不換紙幣の発行で賄っていたが、77年の西南戦争の勃発により、大量の不換政府紙幣、不換国立銀行紙幣が発行された。この結果、激しいインフレが発生した。たとえば、西南戦争前の76年の現金通貨残高は約1億2400万円、戦争後の78年にはそれが1億8900万円へと約1・5倍に増加した。当然のことだが、物価指数も1・5倍から2倍に跳ね上がった。生活必需品の米価も1・5倍へ上昇した。

インフレ対策に当たったのが、新しく大蔵卿に就任した松方正義だった。松方は不換紙幣を回収し焼却した。また物価安定などの目的で、金融政策を一手に掌握する中央銀行、日本銀行（日銀）が82年6月に創設された。日銀開設の翌年、国立銀行条例の改正、さらに84年には兌換銀行券条例が制定され、紙幣の発行は日銀のみが行うことになった。これにより第一銀行はじめ民間銀行は普通銀行に転換することになった。新しく創設された日銀はインフレ対策として、紙幣の発行を厳しく抑制したため、インフレは急速に終息した。だが今度は引き締め政策の強化により、「松方デフレ」といわれる深刻な不況を招いてしまった。

日銀創立後、渋沢は松方正義の要請により、割引手形審査のための割引委員に就任している。割引手形の利子決定は日銀の重要な金融政策の一つである。割引委員を引き受けた渋沢だが、大蔵大臣や日銀総裁といった政府の主要ポストへの就任だけは断り続けた。

渋沢の『青淵回顧録』にこんなくだりがある。1902（明治35）年、井上薫に伊藤博文、山形有朋から組閣の内意が伝えられた。井上は渋沢に大蔵大臣就任を要請する一方で、伊藤博文に対し「渋沢が大蔵大臣を引き受けてくれぬなら内閣を組織する

大蔵大臣や日銀総裁への
就任要請があったけど
すべて断ったよ！

ことは御免被る」と伝えた。このため伊藤が直々に渋沢を説得したが、渋沢は断り続けた。

こんなケースもあった。13（大正2）年、日銀の7代総裁を務めていた高橋是清が大蔵大臣に就任することになった。高橋は渋沢に後任の日銀総裁への就任を要請。高橋の再三の要請にもかかわらず、渋沢は断り続けた。

渋沢の頑なと思われる「政府要職就任拒否」の理由はどこにあるのだろうか。

渋沢が大蔵省を辞任したのは、単に大久保利通が嫌いだったからではない。官尊民卑で地位の低かった民間のレベルアップを図ることが、将来の日本の経済の発展に欠かせない、そのために自分が捨て石になっても構わない、そんな強い決意で大蔵省をやめた。それから約40年にわたり、第一銀行を足場に銀行、企業の発展に尽くしてきた。この長年の志はいまさら変えられない。渋沢はこんな気持ちを高橋に伝えた。

「民間に骨を埋める」。渋沢の覚悟、心意気が伝わってくる。

第一銀行は戦中戦後、合併、解体、再合併などの試練を乗り越え、現在3メガバンクの一角を占めるみずほ銀行として羽ばたいている。

18 蒸気機関車に興奮、鉄道網構築に邁進

渋沢の鉄道への取り組みは気合が入っている。日本列島に鉄道網を築くことで、人や物資の輸送を飛躍的に拡大させる、それが、日本経済の発展に欠かせないとの強い信念からだ。渋沢と鉄道との出会いは徳川昭武に同行してパリ万博に派遣された時である。一行は横浜港から出発、エジプトのスエズで下船し、スエズからアレキサンドリアまで鉄道を利用した。イギリスがアジア貿易を独占するために敷設した鉄道で完成後まだ10年程の最新鉄道だった。蒸気機関車が煙を高く噴き上げて客車を引っ張る力強さに渋沢は圧倒され興奮した。地中海を船で渡り、フランスのマルセイユに到着、そこからパリまでまた列車に乗った。万博閉幕後には欧州各地を汽車で周遊した。鉄道は高い利便性を持つだけではない。新聞や雑誌の輸送、遠隔地の人々とのコミュニケーションなど情報伝達面でも大きな役割を担っている。日本でも鉄道網の敷設を早く進めなければならないと渋沢は深く胸に刻んだ。

日本初の鉄道、新橋〜横浜を走る

蒸気機関車が日本で初めて新橋〜横浜間を走ったのは1872（明治5）年だった。その頃の日本政府には自力で鉄道建設をするだけの資金も技術力もなかったが、英国の駐日公使、ハリー・パークスが資金調達や技術者派遣で積極的に協力してくれた。100万ポンドの借款、英国人技術者の派遣だけではなかった。機関車、客車、線路や枕木、燃料の石炭まですべてイギリスから輸入した。70年、イギリスからエドモンド・モレルが建築技師長として来日し、本格工事が始まった。日本側からは71年、長州出身の井上勝が鉱山頭兼鉄道頭に就任し建設を推進した。井上も英国留学組のエリートである。黎明期の鉄道普及に尽力し、後に「鉄道の父」と呼ばれた。筋金入りの鉄道国有化論者で、後に民間鉄道の敷設に邁進する渋沢と対立することもあった。

新橋〜横浜間の鉄道は、工事開始からわずか2年後の72年6月12日に運転を開始する早業だった。新橋〜横浜間29キロメートルをわずか35分で走り抜けた。同年10月14日、新橋駅で式典が催された。新橋〜横浜間を往復したお召し列車には明治天皇、西郷隆盛、大隈重信などと並んで渋沢の姿もあった。この当時、大蔵省の局長クラスだった渋沢は、財政面から鉄道建設を積極的に支援、推進していた。

江戸時代の旅人は1日平均10里（約40キロメートル）を歩くのが普通だったそうだ。徒歩で1日弱の距離を30分程で走る鉄道に日本中が驚き、興奮し西欧文明へのあこがれが広がった。鉄道は2年後に神戸と大阪間、3年後には大阪〜京都間に開通し、その後全国各地に広がっていった。

大蔵省退任後の75年、渋沢は鉄道事業を将来の成長産業と位置付け、中央と地方のバランスのとれた発展には民間資本による鉄道網の敷設が必要と考えた。そのため、三井、三菱などの財閥の支援を受け、新橋〜横浜間を走る官営鉄道の払い下げをもくろみ、「東京鉄道」を立ち上げた。鉄道事業は規模の経済が働くので、経済性を高めるため、大資本で取り組む必要がある、そのためには民営化が望ましい、と渋沢は考えたのである。だが先に触れた井上ら国有鉄道支持派は国威発揚のために国有化は譲れないとして猛烈に反対したため、渋沢案は受け入れられず、会社は解散に追い込まれた。

日本最初の民営鉄道会社「日本鉄道」を設立

それでも渋沢は諦めなかった。81年に日本最初の民営鉄道会社、「日本鉄道会社」を設立した。日本鉄道は北関東、東北、新潟などの主要都市を結ぶ鉄道建設に精力的に取り組んだ。私鉄といえば、東京では東急、西武、小田急、京王、京成など、大阪では、阪急、阪神、近鉄、京阪など都心と郊外を結ぶ電車のイメージが強い。それだけに北関東、東北、新潟など地方に鉄道敷設というと奇異の感を抱く読者も少なくないだろう。

だが当時は、北関東や東北、新潟などの地方の主要都市を結ぶ列車のニーズが高かった。日本鉄道が最初に手掛けた私鉄が86年の両毛鉄道だった。栃木県・小山駅から群馬県・前橋駅を結んでいる。両毛地区の生糸や桐生の絹織物を輸送する鉄道として開設された。これを皮切りに日光鉄道（86年開設、栃木県・宇都宮〜日光）、水戸鉄道（87年、茨城県・水戸〜栃木県・小山）、北越鉄道（94年、新潟県・直江津〜新発田）、岩越鉄道（94年、福島県・郡山〜新潟県・新津）、越後鉄道（１９０８年、新潟県・柏崎〜新潟）などが相次ぎ開設された。その後、日光鉄道、水戸鉄道、両毛鉄道は日本鉄道に吸収される。

渋沢が北関東、東北、新潟などの主要都市を結ぶ民営鉄道の敷設に力を入れたのは、各地域の特産物を集積地に集め、東京などの消費地に運ぶことで、地域経済の発展に貢献できるとの判断があった。もちろん、それに伴って人々の往来も増え、地域社会が活性化する。

民営鉄道会社の設立に当たって、渋沢は会長、社長に就任して、経営の陣頭指揮を執ることはしなかった。設立発起人、理事、取締役、監査役、相談役、株主などそれぞれの会社の事情に応じて責任あるポストを引き受けている。渋沢が頭取を務める第一銀行が新会社の経営相談や融資にも積極的に応じている。渋沢が設立した会社のトップに就任しなかったのは、有為な人材を発掘し、会社の経営を任す、という渋沢の経営哲学に依拠している。日本鉄道を発足させた翌82年、愛妻の千代が病死した。渋沢は42歳になっていた。実業家として脂の乗り切った時期でもある、妻への悲しみを断ち切るためにも、渋沢は鉄道事業に邁進する。

鉄道国有化支持に転換

時代は大きく動く。1904（明治37）年2月、日露戦争が勃発した。渋沢66歳。翌05年9月、米国の斡旋でポーツマス条約を締結し、日露戦争は終結した。日露戦争後、日本国内と朝鮮半島、中国大陸とを結ぶ鉄道輸送の重要性が高まった。さらに軽工業から重工業への産業構造の転換を進めるための物資輸送の円滑化などのため、国有鉄道の強化、拡充が求められるようになってきた。

地域社会発展のためには鉄道民営化が必要と主張してきた渋沢だが、国有化を求める時代の空気を察し、国有化支持に転換した。渋沢独特の時代感覚であり、必要とあれば、持論を撤回し反対の意見を受け入れる柔軟性も持ち合わせていた。

06年、鉄道民営会社（私鉄）を国が買収し、国有化するための鉄道国有化法が公布された。17社の私鉄が国有化された。国鉄国有化法案の策定過程では、ほかに15社の私鉄買収を含め32社案が有力だった。しかし買収資金不足のため、公布の段階では17社の買収に止まった。だがその後15社も相次ぎ買収され、結局32社が国有化された。渋沢が設立した鉄道もすべて国有化された。日本最初の民営鉄道会社、日本鉄道の名前もその時点で消滅し、歴史にその名前を遺すだけになった。

だが、渋沢が手掛けた民営鉄道の多くは名称が変わったものの現在、東日本旅客鉄道（JR東日本）の一部として存続し、その役割を引き継いでいる。

19 田園都市会社設立、小林一三に助言求める

渋沢は地方の特産品や原材料物資の輸送を主目的にした民営鉄道を数多く設立したが、それだけにとどまらなかった。都市中心部と郊外を結ぶ現在の私鉄につながる民営鉄道の設立にも熱心だった。経済が発展してくれば、通勤・通学の足となる鉄道が必要になる。さらに人口増加によって、鉄道沿線の地域開発も活発になる。明治維新時の東京や大阪では、多くの会社はまだ家業の域を出ず規模が小さかった。従業員の多くは生産現場の近くに住む、職住近接で暮らしていた。経済が発展し、人口が増えてくれば、多くの勤労者や学生は郊外に住み、鉄道を使って都心の工場や職場、学校に通う。都心部と郊外を結ぶ鉄道は成長産業である、渋沢はそう分析した。すでに明治維新から半世紀近くの歳月が流れていた。欧米にはなお見劣りがするもののアジアの新興国として日本は経済の発展期を迎えていた。

地位や役職には綿々としなかった。1909年、古希（数え70歳）を迎えた渋沢は実

業界引退を表明、61の役職を降りた。残った第一銀行頭取も喜寿（数え77歳）となった16年には辞任した。自由な身になった渋沢だが、事業欲は衰えることを知らなかった。18（大正7）年9月、渋沢は自ら発起人となって宅地開発会社、「田園都市株式会社」を立ち上げた。資本金は50万円。

渋沢は「人は自然なくして生活はできない」という信条の持ち主。埼玉県深谷市で農民として育った渋沢には自然へのあこがれが強く、年を経るにつれこの思いはますます強くなった。

渋沢は、ロンドンの衛星都市レッチワースの緑豊かで職住が近接する田園都市づくりに共鳴し、日本でも同じ発想のまちづくりができないかと考え、田園調布のまちづくりに取り組んだ。田園調布会の資料によると、田園調布駅を基点にした放射線状の道路や扇状の区画は、欧米を視察した四男の渋沢英雄が主導したと言われる。23年8月に売り出した当初は中流のサラリーマンを想定していたが、直後（23年9月）に発生した関東大震災で良好な地盤と判明し、都心で被災した富裕層が移り住み、高級住宅地になった。

新会社、「田園都市」の役員には渋沢のビジネス仲間が参加したが、肝心の宅地開発のノーハウはゼロに近かった。役員を引き受けていた第一生命の創業者、矢野恒太は、鉄道敷設と沿線開発を一体化して成功させた関西の財界人、小林一三（阪急鉄道の創設者）に経営の指導を受けるよう渋沢にアドバイスをする。

小林は福沢諭吉の慶応義塾卒業後、三井銀行に入行、07年に民営鉄道「箕面有馬電気軌道」の設立に携わり、同社の専務に就任した。同社は社長不在だったことから小林が経営の実権を握った。

小林は「鉄道は移動手段のみにあらず」と提唱、本業ともいえる鉄道事業を軸にして、沿線で宅地開発、流通事業（百貨店など）、観光事業などを総合的に推進し、相乗効果を上げる私鉄経営モデルの原型を作り上げていた。六甲山麓の高級住宅地の開発、阪急百貨店、さらに宝塚歌劇団、東宝、野球の阪急ブレーブスなど芸能、スポーツ、娯楽などの分野でも多彩な事業を展開、今日の阪急東宝グループを作り上げた。

話を戻そう。その当時、150万平方メートルの土地を所有する田園都市会社の経営は苦しく、渋沢は矢野の提案に飛びついた。ところが小林はなかなか「うん」とは言わない。渋沢や矢野が何度も説得した結果、小林は渋々「月1回上京し、役員会に顔を出す」ことを承知した。小林は名前を出さず、報酬も受け取らないことを条件に経営に対するアドバイスを引き受けた。田園都市会社の経営は小林のリーダーシップで動き出した。小林は田園都市会社の経営を軌道に載せるため、鉄道省出身で鉄道事

19　田園都市会社設立、小林一三に助言求める

業に携わっていた五島慶太を経営陣に加えた。田園都市会社の子会社として目黒蒲田鉄道株式会社（目蒲線）を設立するためである。

22年9月に同社の創立総会が開かれ、五島が専務取締役となった。五島は当時未開業の武蔵鉄道（現在の東横線の母体）の経営に携わっていたが、資金繰りに苦しんでいた。小林は「目蒲線を先に建設し、田園都市の土地を売り、その利益で武蔵鉄道をやればいい」と説得し、五島に専務就任を決断させたという。

五島は目蒲線を足場に東急グループを拡大し、戦後、押しも押されぬ東急王国を築き上げるが、そのスタート台になったのが100年前の目蒲線建設だったのである。

28年、多摩川台地区などの分譲を完了した田園都市会社は、子会社であった目黒蒲田電鉄に吸収合併され、田園都市事業は同社の田園都市部が継承することになった。渋沢が田園都市会社を設立してから10年目のことである。

渋沢の財産は豊富な人脈にある。何か新事業を始める場合、その事業を成功させるための多種多様な人材が必要になる。渋沢の豊富な人脈がそれを可能にする。小林や五島との出会いもその一つだ。その人物がいけると思えば、思い切って任せてしまう。失敗したケースもあったが、多くはうまくいった。

それから3年後の31（昭和6）年11月、渋沢は91歳で波乱に富んだ人生の幕を閉じる。

[20] 戦後の民主化　渋沢資本主義羽ばたく

1945（昭和20）年8月15日、日本は無条件降伏した。渋沢没後、14年の歳月が過ぎていた。この年、広島、長崎に原発が投下され一瞬にして爆心地が消滅した。東京、大阪などの主要都市では住宅や工場が空襲で破壊され、日本は焦土と化した、約900万人が家を失った。

戦後日本の占領期に全権を握ったのはGHQ（連合国軍最高司令官総司令部）だった。連合国軍最高司令官の職務に就いたのは、米軍のダグラス・マッカーサー元帥だった。GHQは、軍国日本の戦時体制の解体に積極的に取り組んだ。国家総動員法をはじめとする一連の統制関連法の廃止、思想、言論弾圧規制の撤廃などだった。

そのために、GHQが最重要課題として取り組んだのが旧憲法の自由主義化だった。新しい日本国憲法はGHQの意見を参考にして46年11月3日に公布され、翌年5月3日に施行された。新憲法は国民主権、基本的人権の尊重、平和主義の三つを基本原則としている。特に戦争放棄を定めた憲法9条の制定はその後の日本の政治、経済、社会、文化のあらゆる面で大きな影響を与えた。

新憲法の実施と並んでGHQが戦時体制一掃のために取り組んだのが、財閥解体、農地改革、労働の民主化だった。

財閥解体、徹底的に

GHQは早くも45年9月に「初期の対日方針」を明らかにし、その中で「日本の商工業の大部分を支配する産業と金融の大コンビネーションの解体」を掲げた。いわゆる財閥解体だ。9月下旬にGHQは、三井、三菱、住友、安田の4大財閥の代表を呼び、財閥解体の方針を伝えた。財閥側は激しく抵抗し、自主的改革を通して解体を回避しようとしたが、GHQは認めなかった。逆に財閥を戦犯の一翼と位置づけ、財閥の持ち株会社の解散、財閥家族の持ち株の放出、会社役員からの追放などにより、旧経営陣の会社支配力の一掃を目指した。

財閥解体は熾烈をきわめ47年春までに4大財閥本社の解体だけではなく浅野、中島、古河、大倉、鮎川、大原、片倉などの中小財閥の解体、さらに南満州鉄道、台湾銀行などの植民地企業の解体にまで広がった。この結果、大企業を中心に多くの財界人が役員から追放され、中堅企業の役員も一斉に退陣を強制された。その結果、約1500人に達する経営陣が姿を消した。

農地改革で、自作が大半に

46年から49年にかけて実施された農地改革は、封建色の強かった旧来の地主的土地所有を一掃し、地主・小作関係に大変革をもたらした。戦前の農地制度が軍国主義日本を支える一翼を担っていたとして、GHQは徹底した改革を求めた。46年9月に政府はGHQの意向を反映させた「農地調整法改正法案」と「自作農創設特別措置法案」を成立させた。

その骨子は、不在地主の小作地全部と在村地主の小作地を2年以内に政府が強制買収して、原則として小作人に売り渡す。小作農には24年間の年賦払いが認められた。その結果、49年9月までに小作地の81%にあたる耕地が解放され、残存小作地の総耕地面積の占める割合は9%まで激減した。農地改革によって、日本の農家の大部分が自作かそれに近い自小作になった。農地改革によって地主階級（山林地主は対象外）は没落したが、その半面、自作農家体制下で農業投資が増え、その後の食糧増産、農業の技術革新への道が開かれた。

労働3法で組合員数8倍に増加

戦時体制を支えた国家総動員法の下で、労働者の移動、労働条件などは厳しく規制されていた。GHQは戦時体制打破の一環として労働の民主化が急務と考えた。マッカーサー元帥は45年10月、就任間もない篠原喜重郎首相に「人権に関する5大改革」を提示した。その中に労働組合結成の方針が示されていた。

この要請を受け政府は1カ月余の超スピードで労組法案を作成した。同法は12月22日に公布され、翌年3月1日施行された。同法は労組の団結権、団交権、争議権を求め、黄犬契約《おうけんけいやく》の禁止〈注6〉、独立行政委員会の性格をもつ労働委員会制度の導入などが盛り込まれ、画期的な内容だった。労組法制定時に約38万人だった組合員数は、労組法施行後は約300万人と8倍近く増加した。

労組法に続いて、政府は労働関係調整法（46年9月公布）、労働基準法（47年7月公布）を相次ぎ成立させた。これにより、戦後の民主的労働環境の基礎が確立された。新憲

〈注6〉黄犬契約＝雇用者が労働者を雇用する際に、労働組合に加入しないことや労働組合から離脱することを条件にした労働契約。黄犬は英語のイエロードッグの日本語訳、イエロードッグは「卑劣なやつ」といった意味があり、労組側から見れば不当契約とみなされる。

法のもと、戦争を放棄した日本は、新たな国家目標として経済立国を大きく掲げ動き出した。最初に立ち上がったのが経済界だった。渋沢資本主義が大きく羽ばたく時代がやってきた。

21 日本型経営が支えた戦後の経済発展

戦後日本の経済発展を支えた日本型経営は大きく2つの要素から成り立っている。一つは渋沢イズム（渋沢型経営）を体現した500を超える企業の経営である。すでに指摘したことの繰り返しになるが、渋沢はやみくもに企業を立ち上げたわけではない。時代が必要とする企業、外貨を稼ぐ輸出企業、経済発展を円滑にすすめるための経済インフラ企業（金融機関、鉄道、電気、ガスなど）など時代のニーズに合致した企業群を創設した。さらに企業の資金調達の場として東京証券取引所、企業間の決済手段の場である手形交換所（2022年電子交換所に移行）、経済人が意見交換・集約する東京商工会議所、さらには全国銀行協会などの設立にもかかわっている。

これだけの大仕事をしたにもかかわらず、渋沢は財閥をつくらなかった。

渋沢は「もし自分が財閥を目指していたらいまの三井、三菱ぐらいになっていただろうよ」と冗談めかして言ったことがある。だが、財閥づくりには関心がなかった。

今日、渋沢の名前を残す上場会社は澁澤倉庫ぐらいである。渋沢は私利私欲に溺れることがなかった。経営者の最大の責務は、自社を拡大させ、繁栄させることである。利潤をあげるための商品開発、有望な投資先を探すなどミクロの視点が強く求められる。これに対し、渋沢は経営者の中では珍しくマクロの視点で日本の将来を考察し、処方箋を描き、実施する能力に優れていた。国利民福——国に利益をもたらし豊かにすることが国民の幸福につながるという大志を抱きその目標に向け、東奔西走の人生を送った。国家、国民のために自分ができることは何かが常に彼の関心事だった。経営者というよりも、経営とは何かをマクロの視点で考え、国家、国民に貢献する企業の役割を（今流の表現でいえば）エコノミ

スト的視点で考え、位置づけていたように思われる。

渋沢企業の主峰、準主峰、名峰

渋沢が戦前創設し、運営に携わった企業の多くは100年の歳月を経て大企業に育っているものも少なくない。そのいくつかは日本の企業山脈の主峰、準主峰、名峰としての地位を不動のものにしている。この中には、設立当初の企業名とは異なる名称として存在しているケースも少なくない。

東京商工会議所調べ（2019年10月時点）によると、渋沢が設立ないし運営に関係した企業で今日も活躍している企業は186社あるという。その中の代表的な企業名（現在の呼称）、団体名を以下に列記しておこう。

金融関係：日本銀行、みずほ銀行、りそな銀行、東京海上火災

輸送等：JR東日本、東急電鉄、京阪電鉄、日本郵船、日本航空、澁澤倉庫

エネルギー：東京電力、東京ガス、大阪ガス、

製造業：王子製紙、片倉工業、東洋紡、石川島播磨重工業、川崎重工、東京製綱、太平洋セメント、サッポロビール、キリンビール

建設：清水建設、大成建設

サービス・団体など：帝国ホテル、東京会館、理化学研究所、東京商工会議所、東京証券取引所、全国銀行協会

「日本型」はハイブリッド経営が特徴

日本型経営が完成するためには、もう一つ新しい要素が加わる。戦後、日本企業は積極的に欧米先進国から最新の経営手法を取り入れ、実際の経営に役立てた。

その点からいえば、日本型経営は渋沢イズムと近代欧米型経営が合体したハイブリッド経営といってもよいだろう。渋沢イズムは企業性善説に基づく企業経営の理念、哲学に特徴がある。一方、欧米型経営は、企業が利益を上げるための具体的経営手法に特徴がある。たとえば、企業の総合戦略、工場現場の効率化（分業化、ベルトコンベア方式の導入など）、市場調査、広告戦略、会計・経理処理、人事政策などである。日本の企業は、両者の利点、長所を巧みに生かし、日本人の性格に合わず、好ましくない部分は切り捨てることで、日本独特の経営スタイルを作り上げることに成功した。それが日本型経営である。ハイブリッド化することで、単体としての渋沢イズム、近代欧米型経営と比べはるかに良質で競争力のある経営システムが誕生した。

若手集い、経済同友会発足

話は少し戻るが、それでは欧米型経営はどのようにして日本に導入されたのだろうか。

財閥解体は経営者の若返りを一気に進めた。戦前、戦中の企業の舵取りをしていた旧経営陣が一掃されたため、大企業の経営の舵取りは40歳前後の部長クラスの中堅幹部が担うことになった。突然大任を任された若手経営者たちは戦後の混乱を乗り越え、新生日本の発展のために意気軒高だった。

新時代の企業活動を積極的に推進していくためには一人の力には限界がある。同じ思いの若手経営者が集まり、これからの日本の針路、経営システム、企業と社会の望ましい在り方、国際戦略などを幅広く議論し、望ましい方向に日本を導いていかなければならない。そのために切磋琢磨するための組織として、1946年4月、経済同友会が設立された。米国の青年会議所や全米製造業者協会を参考に、若手経営者が出身企業に縛られず、自由闊達に意見交換ができるように、個人資格で参加する経済人クラブである。スタート時の経済同友会の幹事には、永野重雄（日本製鉄取締役、45歳=当時、以下も）、諸井貫一（秩父セメント常務、50歳）、堀田庄三（住友銀行東京支店長、47歳）、桜田武（日清紡績社長、42歳）、郷士浩平（重要産業協議会事務局長、45歳）、大塚万丈（日本特殊鋼管社長、49歳）、鹿内信隆（日本電子工業常務、34歳）、鈴木治雄（昭和電工常務、33歳）など30人近くが名を連ねた。彼らの多くは十数年後の高度経済成長期（1960年代）には押しも押されもしない実力経営者に育っていく。

若手経営者集団の経済同友会は、先行する欧米の企業行動や経営理念などを積極的に研究し、必要なものはどんどん取り入れていく姿勢を強めた。

たとえば、47年1月に大塚万丈を委員長とする経済民主化委員会がスタートした。大塚は精力的に調査活動を進めた。企業活動の中心は株主ではなく経営者に置かれるべきであるとした米社会思想家、ジェームズ・バーナムの『経営者革命』などを参考にして8月には「大塚試案」をまとめた。その骨子は、▽企業は経営、資本、労働の3者で構成される共同体である▽企業の最高意思決定機関として「企業総会」を置き、経営、資本、労働の3者の代表で構成する▽企業利潤の配分は、経営、資本、労働の3者が対等の権利を有する――という画期的な内容だった。当時としてはあまりにラジカルだったため、保守派の経済人からは「資本主義の否定につながる」などの厳しい批判が噴出した。しかし労使協調で問題の解決を図るという修正資本主義的考え方は、その後の同友会のコンセンサスになり、高度成長期に開花する日本型経営の重要な柱として定着する。

48年には労働問題を専門に取り扱う経済団体として日経連（日本経営者団体連盟）が設立された。

日本型経営は、渋沢イズム（渋沢型経営）と欧米、特に米国から取り入れた最新の経営手法を合体させ、戦後誕生したものだ。日本型経営はすでに指摘したように、両者の良い部分を取り入れたハイブリッド経営だ。それは、鉄鋼、石油化学、造船、一般機械などを中心とする重化学工業の生産性を飛躍的に拡大させた。日本型経営に支えられた戦後日本のダイナミックな経済発展を筆者は渋沢の戦前の業績に敬意を払い、渋沢資本主義と名付けている。

22 木川田一隆と企業の社会的責任

経済同友会の問題提起として、もう一つ注目されるのが木川田一隆（東京電力社長、会長歴任）の存在だ。経済同友会代表幹事を2期（1960〜62年、63〜75年）、合わせて14年務めた。

日本の高度成長期に就任し、人間尊重の理念をベースにした企業の社会的責任、協調的競争の必要性を訴えた。単純な自由放任主義では産業界を取り巻く諸問題を解決できず、政府の介入を招くとの危機感から、民間の自主的で適切な競争環境の整備を推進すべきと主張した。そのための討議の場として「産業問題研究会」（略称・産研）を立ち上げた。過度な競争によるダンピング、外国から「安かろう、悪かろう」のレッテルを張られた輸出製品、さらにＩＭＦ（国際通貨基金）、やＧＡＴＴ（関税及び貿易に関する一般協定、55年ＷＴＯに移行）加盟によって先進国の仲間入りをすることになった日本の企業としての風格が求められる。一方、財閥解体で小粒になった企業が海外企業と伍していくためには合併や再編によって企業規模を拡大することの必要性も提唱された。

1970年の八幡・富士製鉄の合併はその代表例だ。50年代には年間500件余りで推移していた企業の合併数が、その後10年余りの間に2倍を上回るほど増加した。木川田産研の研究成果と受け止められた。

木川田の企業の社会的責任論は、渋沢の「経済と道徳の両立」、利他主義、労使協調、公正競争、適正利潤の追求など渋沢イズムと同じ路線上にある。

トヨタ、パナソニック、吉田工業に代表される労使協調路線

戦後、急速に大きく成長した日本企業の中には、渋沢イズム系列、経済同友会系列とは別に、労使協調路線を高く掲げた独立系の企業群も多数存在した。その代表的企業3社を次に紹介する。

《トヨタ自動車》 創業は1933（昭和8）年9月、豊田喜一郎が豊田自動織機製作所内に設置した自動車部に始まる。自動車部が独立し、トヨタ自動車工業（株）となったのが37年。生産、販売などで生みの苦しみと闘い、経営者の交代などを乗り越えて、

世界のトヨタへ大きく躍進できたのは、創業者喜一郎が35年に作成したトヨタの企業理念である「豊田綱領」と62年に労使間で交わされた「労使宣言」がある。豊田綱領は▽社業を通して社会に報いること▽研究と創造に心を注ぎ、常に時代の先を行くこと▽温情友愛の精神を発揮し、家庭的美風を造ることなどで構成されている。一方、「労使宣言」の基本的な考え方は「相互信頼に基づく労使協調」と「生産性向上と労働条件改善の同時実現」である。この二つが合体し、トヨタのかんばん方式、改善などトヨタ式経営スタイルが出来上がり、モータリゼーションなど時代の後押しもあり、世界のトヨタへ大きく飛躍することができた。

《松下電器産業》 松下電器産業（2008年、パナソニックに社名変更）は1918（大正7）年、松下幸之助によって設立された。二股電球ソケット、自転車用電池ランプなどの製造、販売からスタートし、戦後はテレビ、洗濯機、冷蔵庫、エアコンなどの家電総合メーカーとして大きく成長する。幸之助は創業理念として、「企業は社会の公器」「すべての活動はお客様のために」「日に新た」を掲げたが、この経営理念はパナソニックにも引き継がれている。幸之助語録に登場する「水道哲学」も含蓄がある。幼少期、赤貧に喘いだ幸之助が、水道の水のように低価格で良質の製品を大量に供給することで消費者の生活安定に寄与したいとする願いが込められている。

労使協調による経営も独特のアプローチをしている。松下電器の労働組合は46年、大阪の中央公会堂で結成大会を開いた。幸之助は招かれていないにもかかわらず、祝辞を送りたいと会場に駆け付け、こう呼びかけた。

「労働組合の誕生は、真の民主主義にもとづく新しい日本を築く上で歓迎すべきことである。正しい経営と、皆さんが考える正しい組合とは必ず一致すると信ずる。共々力を合わせ日本の再建に邁進していこう」

誠意に満ちた幸之助の訴えに、会場から大きな拍手が沸き起きたという。幸之助の経営理念、労使協調、社会への貢献などの考え方は渋沢と瓜二つといっても過言ではないだろう。

《吉田工業》34（昭和9）年1月、ファスナー王、吉田忠雄によって設立された。世界シェア5割近い世界最大のファスナーメーカーであり、ファスニング、建材、工機の製造販売に携わっている。忠雄の経営理念に沿って非上場企業を貫いているため、会社の概要を知らない向きも多いと思う。現在、資本金約120億円、売上高約8000億円、全世界70カ国以上に支店を構え、国内外合わせ従業員数約4万5000人、世界を相手にグローバル事業を展開する大企業である。94年、YKKに社名変更した。

日経新聞の「私の履歴書」(23年4月1～29日)に二代目社長(現相談役)、吉田忠裕が登場、そこで忠雄の人となりが紹介されている。忠雄の経営哲学の核心は「善の循環」である。「他人の利益を図らずして自らの繁栄はない」という考え方が出発点である。他人とは得意先、取引先であり、さらに広げれば社会全体である。社会に貢献するために会社は企業価値を高めなければならない。忠雄は経営者と社員を区別せず、「社員は皆私の子だ」と述べ、大家族的経営を目指してきた。

忠雄は企業活動で得た付加価値の3分配を提唱、実践している。顧客、取引先、経営者と社員で構成する自社である。ここには株主が入っていない。忠雄は「株式」を「事業への参加証」と位置づけ、額に汗して働く社員が持つべきだ、として株式の上場を拒否してきた。

渋沢との接点はなかったと思われるが、労組協調路線による会社経営は渋沢イズムとそっくりである。

23 廃墟からのスタートに3つの追い風

心機一転、日本再建を目指して立ち上がった多くの企業の前には戦争で焼け野原となった痛々しい日本列島が横たわっていた。家も学校も工場も、さらに道路や鉄道などの社会インフラの多くが破壊されてしまった。焦土と化した日本の将来は暗澹たるものに思われた。

47年に発表された戦後最初の「経済白書」は、「国家も赤字、企業も赤字、国民も赤字」と当時の疲弊した日本の姿をリアルに描いている。例えば、小学校6年生の身長や体重は戦前（37年）と比べ1年ずつ遅れている（当時の6年生は戦前の5年生の体力しかない）、石炭労働者の一人当たり月平均生産高は戦前（36年）の17・5トンに対し、47年は5トン程度と3分の1以下にまで落ち込んでしまった――と衰退の姿を具体的な数字で示している。当時の日本は、世界の最貧国に転げ落ちてしまったのである。

それからわずか十数年の間に日本は「世界の奇跡」と言われるような経済発展を遂

げた。

最初の経済白書発表から3年後の50年6月に朝鮮戦争が勃発した。戦争に伴う特需によって日本経済は息を吹き返した。60年代に入ると、日本は高度成長期を迎えた。年率10％（実質）を超える高度成長の時代が10年近く続き、日本は最貧国から先進国への階段を一気に駆け上った。

なぜこのような〝奇跡〟が起きたのだろうか。筆者はその理由として戦後生まれの日本型経営が大きく貢献したと考えている。

戦後生まれの日本型経営

すでに指摘したように、日本型経営は戦前から引き継がれてきた「渋沢イズム」と戦後導入された近代欧米経営とが合体したハイブリッド経営である。渋沢イズムは企業性善説が前提だ。全国から有能な人材、資本を集めて、世のため人のためになる事業を起こす。その事業体が株式会社にほかならない。だから企業（株式会社）は善でなくてはならない。安価で良質の製品、サービスを大量に生産し供給することが、国を豊かにし、国民を幸福にする。令和時代の今日ではすっかり古い言葉になり使われなくなったが、渋沢の時代に盛んに使われた「国利民福」である。国利民福を実現させるのは、企業が大きく成長し存続し続けることが望ましい。

企業を大きくするためには、労使が対立していてはだめだ。労使が一体となって企業を発展させ、利益を上げ、その一部を税金として国家に納めることで社会に貢献できる。労使協調路線を推進する過程で、終身雇用、年功序列型賃金体系、短期の利益追求よりも長期の利益追求など日本独特の経営システムが形成されていく。

低い株主の地位

日本型経営システムのもう一つの特徴は、株主（資本家）の位置づけが極めて低いことである。企業運営は経営、株主、労働の3本柱で構成される、というのが近代経営学の基本だ。だが、戦後の日本では、「経営と労働」の結び付きが強い半面、法律上、株主総会が最高の意思決定機関であるにもかかわらず「お飾り的な存在」で実権はほとんどなかった。「物言う株主」が大きくクローズアップされ、会社側の経営方針に堂々と異議を唱える株主が目立つ今の日本ではとても考えられない姿といえよう。

戦争放棄と防衛費の抑制

日本型経営が、企業を敗戦から立ち上がらせるために大きな役割を果たしたことは確かだが、さらに幸いだったことに3つの追い風が日本企業の背中を押してくれた。

第1が憲法9条の戦争放棄である。戦時日本は戦争遂行のため、国家一丸となってあらゆる経済活動や国民生活を統制下に置く国家総動員法などの統制関連諸法が制定され、企業の自由な活動が規制され、思想、言論弾圧が日常化する暗黒の時代だった。

戦後の日本は戦時体制から解放され、戦争に代わり経済活動を通して平和な日本の再建を目指すという新しい国家目標が明確に示されたことである。日米安保条約によって、日本の防衛は大きく米国に依存することになった。日本は防衛予算を極力抑え、石炭、石油などのエネルギー資源、鉄鋼や銅、アルミニウムなどの輸入原材料を集中的に経済部門に投入することが可能になった。

ガリオア・エロア基金による巨額な援助

第2の追い風は米国の占領地援助資金、ガリオア・エロア基金である。ガリオア基金(占領地域救済政府基金)は占領地域の飢え、病気、社会不安を除くため、食料、肥料、医薬品などの生活必需品を供給。エロア基金(占領地域経済復興基金)は占領地域の経済復興を支援するため綿花、鉱産物などの工業原料、機械などの資本財の円滑な供給を目的にしている。

外務省によると、46年から51年にかけての６年間にわたり日本が受けた援助総額は約18億ドル、このうちの13億ドルが無償援助（贈与）だった。現在の価値（１ドル＝140円）に換算すれば25兆2000億円（無償18兆2000億円）の膨大な援助額である。この援助なしには日本の復興はありえなかっただろう。

１ドル＝360円は大幅な円安

第３の追い風になったのが１ドル360円の為替レートの設定だ。GHQは、49年４月、日米為替レートを１ドル360円に設定するとした。終戦直後の日本の貿易収支は大幅な赤字だった。46年、47年の輸出はそれぞれ１億ドル、1・7億ドル、これに対し輸入はそれぞれ３億ドル、5・3億ドルだった。GHQは米国FRB（米連邦準備制度理事会）の調査部次長、ラルフ・ヤング調査団の報告などを参考に、日本の経済活動に支障にならない為替レートとして設定した。

１ドル360円の固定為替相場の時代は71年12月にワシントンのスミソニアン博物館で開かれたIMF10カ国グループ（G10）の蔵相会議で１ドル＝308円へ16・8%切り上げられるまで22年間続いた。

日本は米欧から先端技術を積極的に取り入れ、次々最新工場を設立したため、日本の国際競争力は急速に強化された。1ドル360円は日本にとって大幅な円安状態になった。輸出が輸入を大幅に上回る貿易収支の黒字も短期間に定着した。

当時の日本は貧しかったが、日本型経営に支えられた渋沢資本主義は順風満帆でスタートできたのである。

24 10年間、10%成長は世界の奇跡

経済立国を目指して立ち上がった日本、それを支える企業群は短期間にたくましく成長した。戦前から続く渋沢系企業群、同友会系企業群、創業者系企業群の多くは積極的な設備投資により大企業に成長し、日本経済の屋台骨を支えた。さらに注目すべきは様々な業種で新たに開業する企業が全国各地で「雨後の筍」のように増えた。

『昭和経済史』（日経文庫、有沢広巳監修、中）、4篇の高度成長の展開（昭和30年代）の冒頭の書き出しは、当時の産業界にみなぎる熱気を生々しく描いている。

「昭和30年代は、成長の時代であった。20年代の復興期に根を張った日本経済は、30年代に入って、にわかに根を伸ばし、枝を広げ、葉を繁らせて、40年代を迎えるころには、世界という森の中でも有数の大樹となっていた……30年代の経済は安定成長ではなく、ダイナミックな波動を伴った成長をした」

昭和30年から5年後の1960（昭和35）年、日本の経済成長率（実質ベース）は前年

比13・1％増へと大きく飛躍した。50年代後半も比較的高い成長が続いたが、10％台は未達成だった。60年の高度成長を支えたのが民間設備投資で、前年比44・1％増の驚異的な伸びを示した。これが当時岩戸景気と呼ばれた好況である。岩戸景気は58年7月から61年12月までの42カ月、戦後最長の上昇局面を記録した。

『昭和経済史』はさらに続ける。

「これによって、日本の経済力は飛躍的に高まり、経済の近代化が一段とすすんだ。昭和35年には貿易自由化計画が発表され、国民所得倍増計画が決定され、日本経済の国際化と高度成長とが経済政策の目標としてかかげられた」

60年から10年間、日本の経済成長率は年率平均で10％を超えた。世界でも前例がなく、世界の奇跡といわれた。60年の名目ＧＤＰ（国内総生産）は約16兆円だったが、70年には約4・5倍の73兆円に拡大している。

新規企業も急増した。中小企業白書などによると、66～69年の3年間の企業の開業率は年率6・5％、69～72年は同7・0％、同じ期間、廃業率はそれぞれ3・2％、3・8％だった。開業率と廃業率の開きが大きいほど、新規企業の活躍が盛んなことを示している。高度成長期の6年間だけで約１００万の新規企業が誕生したことになる。

東京オリンピックの年に
新幹線や高速道路が
できたんだね！

東京五輪の年に東海道新幹線、名神高速

東京オリンピックが開催された64年には東海道新幹線が営業を開始し、名神高速道路が開通した。68年には日本のＧＤＰがドイツ（西ドイツ）を上回り、アメリカに次ぐ世界第二の経済大国になった。経済発展を生きがいにしてきた日本人には大きな自信となる。

国民の生活水準を表す一人当たりＧＤＰも60年の約17万２０００円から70年の約70万８０００円へ急拡大した。４・２倍の増加である。

空前の消費ブームが起きた。60年に白黒テレビの普及率は54・５％だったのが70年には90・１％へ広がった。60年にはまだなかったカラーテレビも30・１％まで普及した。電気洗濯機も45・４％から92・１％へ、電気冷蔵庫は15・7%から92・5%へとほとんどの家庭に備えられた。家電製品は10年間で大幅に普及し、国民は豊かさを肌で感じた。

25 円切り上げと石油ショックの70年代

70年代に入ると、日本は激動する世界経済の渦に飲み込まれていく。71年8月、ニクソン米大統領が発表したドル防衛対策（ニクソンショック）に対応して、日本は同年12月に16・88％の円切り上げに踏み切る。それまでの1ドル360円から308円に切り上げられた。しかしドル不信は根強く、国際通貨不安がますます激化してきたため、固定相場制の維持が難しくなった。73年の年明けから円を含む主要通貨は一斉に変動相場制に移行した。

この年の10月、第四次中東戦争が勃発した。これを機にOAPEC（アラブ石油輸出国機構）は「石油戦略」を打ち出した。この結果、原油価格は急騰、代表的な油種であるアラビアン・ライトでみると、戦争勃発以前の8月の価格（1バレル3・066ドル）から5カ月後の74年1月には1バレル11・651ドルへと4倍近くも跳ね上がった。物価への影響も大きかった。同年2月の卸売物価は前年同月比37％アップ、消費者物価も同26・3％増と記録的上昇を示した。当時の福田赳夫大蔵大臣は異常なまでの物価上昇を「狂乱物価」と呼び、「全治3年を要する」と診断した。これが第一次石油ショックである。

第一次石油ショックを乗り越え、ほっとした矢先、第二次石油ショックが発生した。78年にイランで反体制暴動が勃発、翌年1月には国王がエジプトに亡命してパーレビ王朝が崩壊した。これがイラン革命だ。イラン革命の混乱で世界の石油生産の約1割、OPEC（石油輸出国機構）の同17％を占めていたイラン原油の輸出が2カ月間ストップした。

これを好機としてOPECは再び原油価格の大幅引き上げに踏み切った。アラビアン・ライトの公式販売価格を見ると、イラン革命が進行中の78年11月の価格は1バレル当たり12・7ドルだった。それが79年に入ると、段階的に引き上げられ、同年末には24ドルと年初の約2倍に引き上げられた。80年4月には28ドルへとさらに引き上げられた。これが第二次石油ショックだ。

日本は第一次石油ショックの教訓を生かし、官民一体となり賃金上昇抑制に取り組み、予算も抑制気味に編成した。

一方、日本銀行は公定歩合を大幅に引き上げた。79年4月から徐々に引き上げ、80

年に入ると2月、3月と連続引き上げ、上げ幅は2・75％となった。この結果、公定歩合の水準は9・0％となり、第一次石油ショック時と並ぶ史上最高となった。1年足らずの間に公定歩合は5・50％も引き上げられたことになる。この結果、80年5月の卸売物価は前月比わずかながらマイナスに転じ、それを追いかけるように消費者物価も沈静化に向かった。

70年代の日本経済は円切り上げ、二度の石油ショックという大津波に見舞われたにもかかわらず、欧米先進国と比べその悪影響を比較的軽微で乗り切ることができた。これだけの激震に見舞われながらも、70年代の10年間の年率成長率（実質）4・4％を維持し、欧米と比べダントツのパフォーマンスの良さを示した。

60年代の日本は産業構造からみると、重化学工業に支えられて発展した。60年代後半に入ると、鉄鋼、石油化学、造船、一般機械などを中心とする重化学工業の生産額は世界のトップクラスに達した。それを可能にしたのが日本型経営だった。60年代の日本は、将来への明るい期待、若く元気な労働人口、世界一の高度成長、急激に高まる生活水準の向上など火の玉のような熱気が日本列島に溢れていた。今から振り返ると60年代は、渋沢資本主義のど真ん中にいたと言えるだろう。日本は歴史的な黄金時代を迎えていた。その謎解きにアメリカ人の社会学者が挑んだ。

26 世界が注目した渋沢資本主義

アメリカの社会学者、エズラ・F・ボーゲル著の『ジャパンアズナンバーワン』が出版されたのは79年5月だった（和訳はTBSブリタニカから同年6月発刊）。海外からの日本礼賛だったため、多くのビジネス人の心をくすぐり、70万部以上のベストセラーになった。

第二次世界大戦後、経済、軍事両面で圧倒的な力を誇示し、パクス・アメリカーナ（アメリカによる平和）といわれた繁栄の時代を謳歌したアメリカだが、70年代初めから80年代へかけて急激に元気を失った。アメリカ主導で構築された国際通貨秩序、ブレトン・ウッズ体制（45年発効、国際通貨基金協定と国際復興開発銀行協定の総称）は71年8月のニクソンショックで崩壊した。ドル不安に加え2度の石油ショックで深刻なスタグフレーション（景気後退とインフレの同時進行）に陥ったアメリカは、貿易と財政両収支の双子の赤字に苦しめられた。失業率も70年代後半には7％前後で高止まりしたままだ。日本やドイツなどの敗戦国の台頭で、米産業の国際競争力は急激に衰えた。道路や港湾、橋梁、高層ビルなどの社会インフラは老朽化による綻びが目立ってきた。鉄鋼や自動車などの工場群も旧式設備のままで生産性は低下し、新鋭設備の日本やドイツとの競争で劣勢に追い込まれていた。

たまたま筆者は70年3月から1年間、民間の経済予測機関、ニューヨーク・マンハッタンにあるカンファランスボード（CB）で経済予測手法を学ぶため出向した。CBは国連本部近くの高層ビルの中にあった。地下鉄を降りて、CBに通う道は、アスファルト舗装の一部が壊れ、ごみが散乱、イヌの糞が道路脇にちらばっていた。マンハッタン中心部にもかかわらず、冬期は重油暖房に伴うススで街中が黒ずんでいた。その昔、アメリカンドリームの映画に出てくる元気はつらつとしたマンハッタンの姿はなく、その違いに愕然としたことを今でも鮮明に覚えている。

時代の大きな変化の中で、敗戦国・日本の元気ぶりが目立ち、戦勝国・アメリカが衰退気味という皮肉な現象の中で、欧米先進国の関心が一斉に日本に注がれ始めた。

世界のＧＮＰに占めるアメリカの割合は、パクス・アメリカーナの50～60年代には半分弱を占めていた。それが、70年には30％、同書出版の1年前、78年には21・8％まで低下した。同じ期間、日本は０％近くからスタートし、70年には世界のＧＮＰの

世界のGNPに占める主要国のシェア

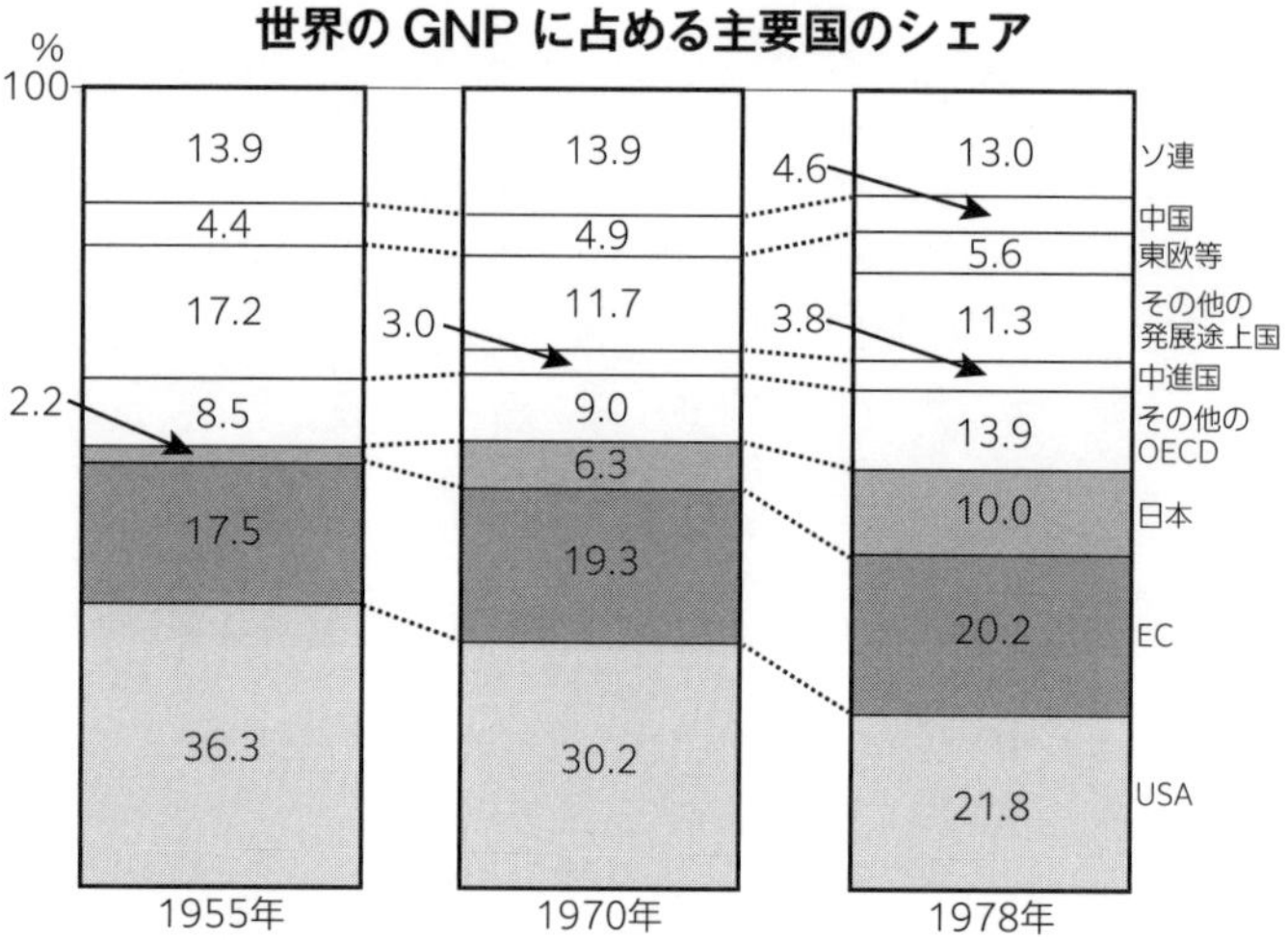

（出所）1955年、70年はInternational Economic Report of the President of the U.S.、78年はEconomic Report of the President of the U.S.による。55年のOECD計はOECD“National Accounts of OECD Countries”とIMF“International Financial Statistics ”、中進国は各国統計とIMF“International Financial Statistics ”による

6%、78年には同10%に達した。アメリカの半分の規模にまで拡大したことになる。

ボーゲルは著書の序文の中で次ぎのように問題提起をしている。

「他のアメリカ人同様、私も自分の国で起こっていること、つまり国民の政府への不信感の増大とか、犯罪、都市問題、失業、インフレ、国の赤字財政といった問題に対して、国も社会も無策の状態でいることに関心を払わざるをえなくなった」

これに対し、「日本はGNPの点では世界一ではないし、現在政治の面でも文化の面でも世界の指導的立場に立つ国とはなりえていないことは確かだ。しかしながら、日本の成功をいろいろな分野において子細に観察してみると、この国はその少ない資源にもかかわらず、世界のどの国よりも脱工業化社会の直面する基本的問題の多くを最も巧みに処理してきたという確信をもつにいたった。私が日本に対して世界一という言葉を使うのは、実にこの意味においてなのである」

そして、「私が期待するのは……日本の経済的成功がアメリカによい意味での刺激を与え、われわれアメリカ人が建設的、創造的な対応をしていくことなのである」と本書執筆の目的を述べている。

ボーゲルは日本の経済的成功は、単に経済界の努力だけではなく、政治、行政も加えた三者（政官財）の協力によるものだとして、日本の政治、行政システムをも詳細に分析をしている。

ここでは企業、特に大企業の経営システムに言及している部分をとり上げる。

ボーゲルは日本とアメリカの自動車工場の従業員の働きぶりの違いから日本型経営の特徴にアプローチする。

「アメリカの工場はまるで軍隊のようだ。作業長は工員が怠けないように常に目を光らせているし、工員のほうも作業長に好感をもって仕えていない。ところが日本の工場では、工員は別に監視されていなくともよく働くし、上司に対する反感もほとんどない。そして心から企業の発展を願っているようだ」と述べている。このように「日本の労働者が企業に忠誠心を持ち、仕事に大きな誇りを持っていることが、安くてしかも良質の製品を生み出す源泉になっている」と指摘している。

それでは日本型経営はどのようにして生まれたのだろうか。

ボーゲルによると、日本型経営は一般に指摘されているような東洋的精神、日本人の伝統的国民性、昔から引き継がれてきた美徳（たとえば勤勉、忍耐力、克己心、他を思いやる心など）などによるものではない。19世紀末、日本が明治維新を経て近代化へ踏み出す過程で誕生したものだ、分析している。

日本型経営は近代西欧型経営から多くの概念を取り入れている。すなわち「企業戦略、製品のライフサイクル、市場調査、市場戦略、経理システム、計量経済学、現在広告学、最新の情報処理などである」と。

ボーゲルは、「それと同時に、戦前から日本にある独特の制度・思想も含まれているところに大きな特徴がある。それは長期計画、終身雇用制、年功序列、従業員の会社への忠誠心などである」と指摘する。

ボーゲルが指摘した戦前の経営スタイルは渋沢イズムそのものだが、ボーゲルが同書の出版にあたって渋沢の業績を知っていたかどうかはわからない。また、戦前の経営と戦後導入した近代西欧型経営が合体して、日本型経営が誕生したと考えているが、渋沢イズムの果たした役割を知っていたのかどうかも不明である。

いずれにせよ、日本型経営が停滞気味のアメリカ産業の復活に役立つことを期待して執筆したことは明らかだ。

アメリカの未来学者、ハーマン・カーンも早くから日本の経済発展に注目した一人だ。ボーゲルの出版より10年近く前に来日し、69年には京都産業大学で「21世紀の日本」と題して講演した。

「経済成長率が現在とほぼ同じ割合で伸びていくと想定すると、75年までに、すなわちあと7年間で、日本の国民所得は2倍になる。そしてまたその10年後の間にさらに2倍になる。それから以後は20年、あるいは30年という振幅で倍増していく。こんなふうに日本の経済の将来は非常に大きく、また非常に明るい」と絶賛している。

27 日本型経営、実力発揮の80年代

80年代の日本経済は鉄鋼、非鉄金属、造船、大型工作機械などの重厚長大型産業から、マイクロエレクトロニクス（ME）やメカトロニクスを駆使した技術集約型の軽薄短小型産業へと産業構造を急速に転換させる時代に当たる。

ボーゲルは「日本型経営が生まれたのは、高度な技術を要する重工業であった」と指摘している。その指摘は正しいが、その後の軽薄短小型産業において日本型経営はさらに大きな力を発揮した。トヨタの「ジャストインタイム方式」（必要なものを、必要な時に、必要なだけ、つくる生産方式）や様々な改善、改良を取り入れながら柔軟に対応する小グループ責任制、ボトムアップ方式の人事管理方式などの日本型経営が企業の生産性を飛躍的に高めた。日本型経営は欧米から導入した新技術の産業用ロボットやNC（数値制御）工作機械などによる自動化、コンピュータ化などの利点、長所を巧みに組み合わせ、それを生産現場や営業活動に持ち込むことで、経営全体の効率化に結

び付けた。

80年から85年までの5年間に製造業全体の生産は約15％増加した。同じ期間、電気機械の生産は2・1倍、半導体は4・3倍、コンピュータ2・3倍、精密機械は1・7倍に増えた。重厚長大型の鉄鋼、非鉄金属などの素材産業の生産は横ばい、繊維は減少している。

日本型経営の成功が貿易摩擦を生む

80年代前半は第二次石油ショックによるインフレ対策で公定歩合は80年3月には史上最高の9・0％に引き上げられた。この結果、インフレは沈静化したが代償も大きかった。景気は下降に転じ、80年代前半は36カ月に及ぶ戦後最長の景気後退に陥った。経済成長率は年率平均3％台で低迷し、「冬の時代」と呼ばれた。

日銀は景気の急激な落ち込みを回避するため、公定歩合を80年8月に0・75％引き下げた。その後も立て続けに引き下げ、83年10月の公定歩合は5％の水準まで低下した。後で判明したことだが、景気は83年1～3月期を底に回復に向かっていた。

景気回復を牽引したのが自動車、家庭用VTRなどの家電製品、半導体など軽薄短小産業だった。日本型経営の成功によって、日本製品の国際競争力は急速に高まったが、それが逆に日米貿易摩擦を引き起こすという皮肉な結果を生み出した。

日本車の輸出台数を自主規制

80年代の日米貿易摩擦は自動車から始まった。2度にわたる原油価格の暴騰（石油ショック）がアメリカの自動車産業を直撃した。ガソリン消費量の多い大型車の購入をアメリカ人が忌避し始めたのである。アメリカ車の売れ行きが落ち、代って燃費の良い日本車やヨーロッパ車の輸入が増えた。

80年の米ビッグスリー（GM、フォード、クライスラー）の決算は惨憺たるもので、3社とも創業以来の大幅赤字に落ち込んだ。この間、アメリカ乗用車市場での日本車のシェア21・3％へ高まった。アメリカの生産が減る一方で日本が増えたため80年の日本の乗用車生産台数（703万台）は世界のトップに躍り出た。

こうした中で、自動車をめぐる日米貿易摩擦が発生した。アメリカ側は摩擦回避のため、トヨタや日産などの日本の主力メーカーの工場進出を望んだがうまくいかなかった。米議会では「保護主義法案の立法化によって日本車を締め出すべきだ」といった過激な発言が目立ってきた。この当時、日本は鈴木善幸首相、アメリカはレーガン大統領だった。両国の閣僚、担当者などの再三の交渉の結果、両国は81年度の対米輸出

168万台で合意した。自動車の対米自主規制は80年代にとどまらず、90年代に入ってからも継続された。

半導体摩擦、関税引き下げで対応

半導体や電気通信などのハイテク産業をめぐる日米摩擦が本格化したのも80年代前半だった。摩擦の性格も自動車など伝統産業と比べかなり異なる側面を持っていた。先端産業分野だけに「将来を左右しかねない」という危機意識が強く、アメリカは技術開発政策を中心に日本の産業政策そのものを「不公正」だとして批判のやり玉に上げてきた。その基本的背景として日本のハイテク製品の競争力が急速に向上し、アメリカ企業を脅かし始めたことが挙げられる。半導体摩擦は80年2月に日米半導体貿易収支が日本側の出超となったあたりから激しくなった。日本メーカーが強かったのは汎用メモリーで、当時最も使われていた16キロビットのランダムアクセス・メモリーではアメリカ市場の40％前後を日本が占めていた。

アメリカの対日批判は日本の産業保護政策にも向けられた。第一は関税である。半導体関税は当時、日本10・1％、アメリカ5・6％だった。79年に決着した東京ラウンドで、日米両国は87年までに4・2％まで引き下げることで合意していたが、アメリカは早期引き下げを強く求めてきた。双方の協議により、日本は82年4月から、アメリカは83年1月から4・2％へ引き下げることで合意した。

アメリカは関税引き下げのほか、▽政府助成の研究開発プロジェクトへの外資系企業の参加▽政府の資材調達でアメリカ企業排除を撤回させる――など日本市場開放についても厳しい要求をしてきた。

日本型経営の成功が保護主義的色彩の濃い日本市場の解放を求める外圧になったことも興味深いことだ。

プラザ合意と円切り上げ

85年9月22日、ニューヨークのプラザホテルで開催された先進5カ国蔵相・中央銀行総裁会議（G5）で「ドル以外の主要通貨がドルに対して秩序だってさらに上昇することが望ましい」との「プラザ合意」が発表された。

翌日の週明け月曜日から各国通貨当局はいっせいにドル売り、自国通貨買いの為替介入を行い、行き過ぎたドル高は急速に修正されていった。円の対ドル相場も大幅に上昇した。プラザ合意以前の1ドル250円台から同年暮れには200円を切る水準まで跳ね上がった。

円高の動きは87年いっぱいまで続き、87年末から88年初めにかけて120円台を付けるところまで上昇した。2年ちょっとの間に、円のドルに対する価値は約2倍に引き上げられたことになる。

円高による景気への悪影響を恐れた日銀は86年1月から87年2月にかけて公定歩合を立て続けに5回引き下げ、公定歩合水準は当時としては史上最低の2・5％になった。マネーサプライ（通貨供給量）も拡大させたため、87年から88年にかけてマネーサプライの前年増加率は10％を超え、カネ余り現象が生じた。

超金融緩和を背景に、まず株価と地価が暴騰した。日経平均株価でみると、プラザ合意直後の85年9月24日の終値は1万2755円だった。それが87年1月30日には2万円の大台に乗った。88年10月のブラック・マンデーで一時的に下落したものの、その後は上昇を続け、89年末には史上最高値の3万8915円を記録、プラザ合意直後の約3倍の高値に跳ね上がった。日本の株式時価総額は米国の1・5倍、世界全体の45％を占めるまでに膨らんだ。

また、地価も急騰した。87年1月の東京圏の地価公示価格は前年比23・8％上昇、翌88年1月は65・8％も上昇した。89年末の日本の土地資産は約2000兆円、米国の約4倍に膨らんだ。不動産業界では「日本の土地をちょっと売れば、アメリカの広大な土地が手に入る」など鼻息の荒い冗談が飛び交った。日本はバブルの時代へ突き進んだ。

28 渋沢資本主義の絶頂期

バブルが始まった80年代後半の日本は今からから振り返ると、渋沢資本主義の絶頂期にあたる。明治以来の国家目標だった「欧米に追いつけ、追い越せ」はこの時代にほぼ達成した。経済成長率は85年からの5年間、年率平均5％の高い成長を遂げた。90年には日本のGDPは世界GDPの約15％を占め、アメリカの26％に迫り、3位ドイツの7％台を大きく引き離した。生活の豊かさを示す一人当たりGDPはイギリス、ドイツ、フランスを大きく引き離し、93年には悲願だったアメリカを抜いてOECD（経済開発協力機構）加盟国1位（3万4906ドル）に躍り出た。60年代の高度成長期に「GNPは大きくても、生活水準の指標とされる一人当たりGNPが低く過ぎる」と批判されたが、両者の「格差」も解消した〈注7〉。

〈注7〉GDPとGNPの違い＝GDPは国内総生産なので、日本企業が海外支店で生産したモノやサービスの付加価値は含まれない。これに対しGNPには含まれる。国連統計委員会の1993年SNA（国民経済計算）改定以降、GDP表示が使われるようになった。

企業の海外進出も強くなった円を背景に積極的に展開された。「ジャパンマネー」はニューヨークやロンドンにある著名な高層ビル、ホテル、さらにカリフォルニア州の名門ゴルフ場など世界各地の不動産や名画、株式などを買いまくった。日本の繁栄を支えてきた欧米からの先端的な技術導入も細り、企業経営者の間からは「もはや欧米から学ぶものはなくなった」といった強気とも驕りともいえる発言が飛び出した。この時期、日本型経営に支えられた渋沢資本主義は繁栄の頂点に達したといえるだろう。

29 バブル破裂で日本型経営、突然の崩壊

だが、「いいことずくめ」は長くは続かなかった。

政府、日銀はバブルによる景気過熱の抑制に乗り出した。日銀は89年5月に公定歩合を0・75％引き上げて3・25％にしたのを皮切りに、90年8月までに計5回矢継ぎ早に引き上げ、公定歩合は6％まで上昇した。90年入り後もバブル景気は拡大し、90年度の経済成長率は6・2％だった。しかし年度前半と比べ後半は大幅に低下した。91年度の成長率は2．3％、92年度は0・7％、そして93年度はマイナス0・5％まで落ち込み、バブル景気は収束した。

バブル景気の収束を確認した日銀は91年7月に公定歩合を6％から5・5％へ引き下げた。それに続き、93年9月までに計6回引き下げ、公定歩合は1・75％と過去最低水準になった。政府も92年8月に事業規模10兆7000億円の景気対策を打ち出したのを皮切りに99年までに計7回、事業規模で総額120兆円を超える不況対策を実

施した。

だが景気は回復せず、不況は長期化した。高度成長期にあれほど切れ味がよかった財政、金融政策による景気浮揚策が90年代の不況にはほとんど効果がなかった。

90年代の経済成長率は年率1・4％まで大幅に低下した。2000年に入ってからの10年間では1％を割り込み、年率0・7％まで低下した。11年からの10年間も年率で1％を割り込んだ。

ちなみに11年度の実質GDPは約514兆円、10年後の20年は約527兆円にとどまった。10年間でGDPはわずか13兆円しか増えなかった。日本は90年半ばから今日まで約30年近くをゼロ成長に近い状態で低迷している。戦後の日本、特に60年代から80年代の30年間は日本が最も栄えた黄金時代、別名渋沢資本主義の時代だったが、90年代半ばからの30年間は戦後最も暗い「失われた30年」に落ち込んでしまった。一人当たりGDP（22年現在）もOECD加盟38カ国中21位まで後退、アメリカの半分、韓国に追い抜かれそうな状態だ。現状が続けば「失われた30年」が「失われた40年」に長期化しかねない。

バブル崩壊後、日本が失速してしまった最大の理由は、90年代に入る前後から顕著になった日本を取り巻く内外環境の激変だ。政治も行政も企業もこの変化に積極的に対応できなかったことである。いや、対応できなかったというより、内外環境の激変が経済活動に深刻な影響を与えることを理解できなかったというべきかもしれない。激変は大きく三つ指摘できる。

冷戦終結と市場経済の拡大

第1は経済のグローバル化だ。戦後世界を二分し、長く続いた米ソ冷戦時代が終結し、90年代に入ると、旧ソ連・東欧陣営が一斉に西側の市場経済に移行した。それまで日本を含む先進国市場を支える人口は約8億人だったが、新規に旧ソ連・東欧人口約4億人が加わった。これに加え人口13億人を抱える中国など勃興期を迎えた東アジア諸国が市場経済の有力な担い手として登場してきた。この結果、世界市場の規模は冷戦時代の3倍以上に拡大した。国際分業も冷戦時代の垂直分業から水平分業へ移行し、先進国企業を先頭に中国などの新興国企業も加わり、経済活動のグローバル化が一気に進んだ。

IT革命の進行とビジネスのスピード化

第2がIT（情報技術）革命だ。70年代から80年代にかけて低迷したアメリカだが、

90年代に入りＩＴ革命が起こった。ＩＴ革命の拠点はシリコンバレーだ。アメリカ西部海岸、カリフォルニア州北部のサンフランシスコ・ベイエリアの南部に位置するサンタクララバレーおよびその周辺に多数の半導体メーカーが集まった。半導体の主原料がシリコンだったため、この一帯がシリコンバレーと呼ばれている。近くに立地するスタンフォード大学やカフェにはこの分野の専門家や実務家が集い、侃々諤々《かんかんがくがく》の議論が盛んだった。

この地域からアップル、インテル、グーグル、フェイスブック（メタ）、ヤフー、シスコシステム、アマゾン、マイクロソフトなどのインターネット関連企業が多数生まれ、ＩＴ関連企業の一大拠点になっている。ＩＴ企業の急速なグローバル化によって、ネット決済が簡単になりビジネスのスピード化が一気に進んだ。

アメリカ型経営の隆盛

第3がアメリカ型経営の隆盛だ。石油ショックに伴う70年代のスタグフレーション克服の具体的な政策理論の提唱者としてシカゴ大学教授、ミルトン・フリードマンの研究が評価され、76年にノーベル経済学賞を受賞した。彼は金利の引き下げ、財政支出拡大で不況脱出を図るケインズ政策を否定し、貨幣供給量（マネーサプライ）の経済に与える役割を重視する。貨幣供給量は短期の景気変動、長期のインフレーションに決定的な影響を与えるとして、通貨供給量の増加率を一定に保つことで、インフレを抑制できると主張した。当時のアメリカでは経済成長率が年率平均約3%、通貨の流通速度などを考慮し、通貨供給量は年率4%程度増加させることで、安定した経済成長と物価抑制が可能になると説いた。このように貨幣供給量伸び率を一定に保つ方法が「X%ルール」である。

新自由主義の旗手、フリードマンとその賛同者らは、はさらに、企業の目的、役割を明確化した。企業は株主のもの、経営者は株主に最大利益をもたらす行動をする、企業で働く従業員は生産財の一つにすぎず、不況になれば解雇するのは理に適っている。さらに短期の利益追求を目指すなどアメリカ型経営の核心を示した。さらに政府の介入を極力控えることが好ましいと指摘している。

日本型経営の欠陥が浮き彫り

IT産業を支えたアメリカ型経営は、渋沢資本主義を支えた日本型経営を否定する内容となっている。バブル崩壊前の日本では、垂直分業が支配的だった。原材料を途上国から輸入し、必要な部品を造り、それらを集め国内で完成品に仕上げていた。経済のグローバル化が進み水平分業が可能になると、海外から安い部品を購入する、海外に工場進出し、割安の賃金で部品を生産するなどの対応が日本の企業に求められたが、それに対応できず、急速に国際競争力を失った。

経営のスピード化が求められる時代になったにも関わらず、時間がかかるボトムアップ方式の経営から転換できず、商機を失う企業が増えた。

企業業績が低下する中で、余剰労働が急増したが、労使協調路線の日本型経営は速やかに対応できず、過剰労働が企業の採算を悪化させた。

この段階で、多くの日本企業はこれまでの日本型経営を時代遅れと切り捨て、勢いのあるアメリカ型経営に救いを求め、雪崩を打って飛びつき、日本型経営は崩壊した。それに伴い渋沢資本主義も幕を閉じた。

Ⅲ部

日本経済再生への提言

日本に幽霊がでる。渋沢イズムという幽霊だ。マルクス・エンゲルス著の「共産党宣言」の冒頭の書き出しにあやかるとこんな表現になるだろう。

「失われた30年」を経て、日本の前途にはなお多くの暗雲が立ち込めている。渋沢没後90余年の歳月が流れた。すっかり忘れ去られ、日本経営史に名を留めるだけの存在になった渋沢が、突然、新1万円札の顔としてよみがえった。初代1万円札の顔、聖徳太子に次いで登場した2代目福沢諭吉（1984年発行）は、流通期間約40年の大部分が「失われた30年」と重なる暗い時代の顔となった。2024年7月に登場する渋沢には再び明るい日本を象徴する顔になってほしいとの願いが込められている。

90年代初め、バブルが弾けると、日本型経営は突然、機能不全に陥った。その後の長期デフレ不況の中で、多くの日本企業は「日本型経営は時代遅れ」と切り捨て、アメリカ型経営へ雪崩を打って乗り移った。

アメリカ型経営は様々な矛盾を生み出した

アメリカ型経営は「剥き出しの利益追求」が身上である。企業活動の目的や役割も明確だ。

「企業は株主のもの」、「経営者は株主利益の最大化を目指す」、「労働者は生産財の一部」「トップダウンによる短期利益の追求」などがその柱だ。

アメリカ型経営を前提にした市場経済で競争が展開されれば、優勝劣敗が必ず起こる。強い企業は急速に市場を拡大し、弱い企業は市場から追放される。労働市場も同じだ。能力の高い者は自力でハイテク企業を立ち上げ、一生かけても使い切れないほどの資産を手に入れることができる。就職先も例えば、金融・証券・投資、さらにそれに関連する弁護士や会計士事務所、人材派遣や不動産会社などが集中するニューヨーク・マンハッタンのウオールストリートのどこかの会社に就職し高給が得られる。逆に、技術も能力もなければ、最低賃金で臨時のビル掃除、外食配達、臨時工などで働かざるを得ない。アメリカ人の所得、資産の格差は過去最大になっている。

鉄鋼や自動車産業などが全盛だった時代にアメリカを支えた中産階級は、デジタル革命に伴う産業構造の激変で没落した。産業の中心が東部から西部へ移動する中でかつてアメリカ社会を支えた良心、良識、国際協調精神は衰退し、一枚岩だったアメリカ社会は分断されてしまった。自国の利益優先主義、「アメリカファースト」を掲げるトランプ大統領が2017年1月に登場した。アメリカ主導で進められてきたＴＰＰ（環太平洋経済連携協定）への加盟拒否、さらに温暖化対策の国際的な枠組み、パリ協定、ユネスコ（国連教育科学文化機関）などアメリカが大きな役割を果たしてきた国際機関から突然、相次ぎ離脱し国際社会に大混乱を引き起こした。

見誤ってならないことは、このような貧富の格差拡大、中産階級の没落を背景としたアメリカ社会の分断は、アメリカ型経営が失敗したからではない。逆に大成功した結果生じたという事実だ。

アメリカ型経営はもう一つの深刻な問題を引き起こした。無制限の拡大を続けたことで、経済活動が地球の限界を超えてしまったことだ。

地球は一つしか存在しない。しかも有限な惑星だ。地球を酷使し過ぎれば様々な弊害が生じてくる。地球温暖化による気候変動、地下資源の枯渇化、プラスチックによる海洋汚染、生態系の破壊、パンデミックを引き起こす感染症の発生などは人間が地球の有限性を忘れ、進歩の著しい科学技術を駆使し、飽くなき拡大主義を追求した結果、生じたものだ。今日、アメリカ人のような生活を世界中の人が享受しようと思えば、地球が5つ必要になるとの試算もある。「イケイケドンドン」で経済的繁栄をもたらしたかに見えるアメリカ型経営は、その裏側で、地球の存亡につながりかねない難問に直面し方向転換を迫られている。

「失われた30年」で日本人の精神力は衰退

アメリカ型経営に飛びついた日本はどうなったのか。約30年の歳月が過ぎたが、結論からいえば、見るべき成果はなかったといえる。むしろ悪化してしまったと言った方が適切かもしれない。時代の変化に積極的に適応せず、政治も行政も企業も、さらにいえば日本人全体がなにもせず漫然と30年を空費してしまった。デフレ不況の中で生まれ、好況経済を知らず30歳を迎えた若者たちの中には、「世の中とはこんなものか」と悟り顔で受け止め、「今年も昨年並みに無事に過ごせればハッピー」と現状肯定型のメンタリティ（心的傾向）の者が多い。将来への明るい展望など描かない。描いても無駄だと知っているからだろう。30年前の渋沢資本主義を支えた若者たちは、はちきれんばかりのエネルギーに満ち、「明日は今日より良い日になる」とする楽観主義に支えられ、バイタリティー（活力）に溢れていた。

30年間、日本はほぼゼロ成長に近い状態を続けた。高度成長期に一流国に上り詰めた日本だが今や二流国へ転落する瀬戸際に立たされている。

まず、ＩＭＦ（国際通貨基金）統計から作成した１９８０年から最近まで約40年間の日本の名目ＧＤＰの推移を見てみる。80年のＧＤＰ約２５５兆円が、90年には４６２兆円へと、10年間で２０７兆円も増えた。２倍には足りないが、８割近く増えたこと

主要５カ国の名目 GDP の推移（1980 ～ 2023 年）

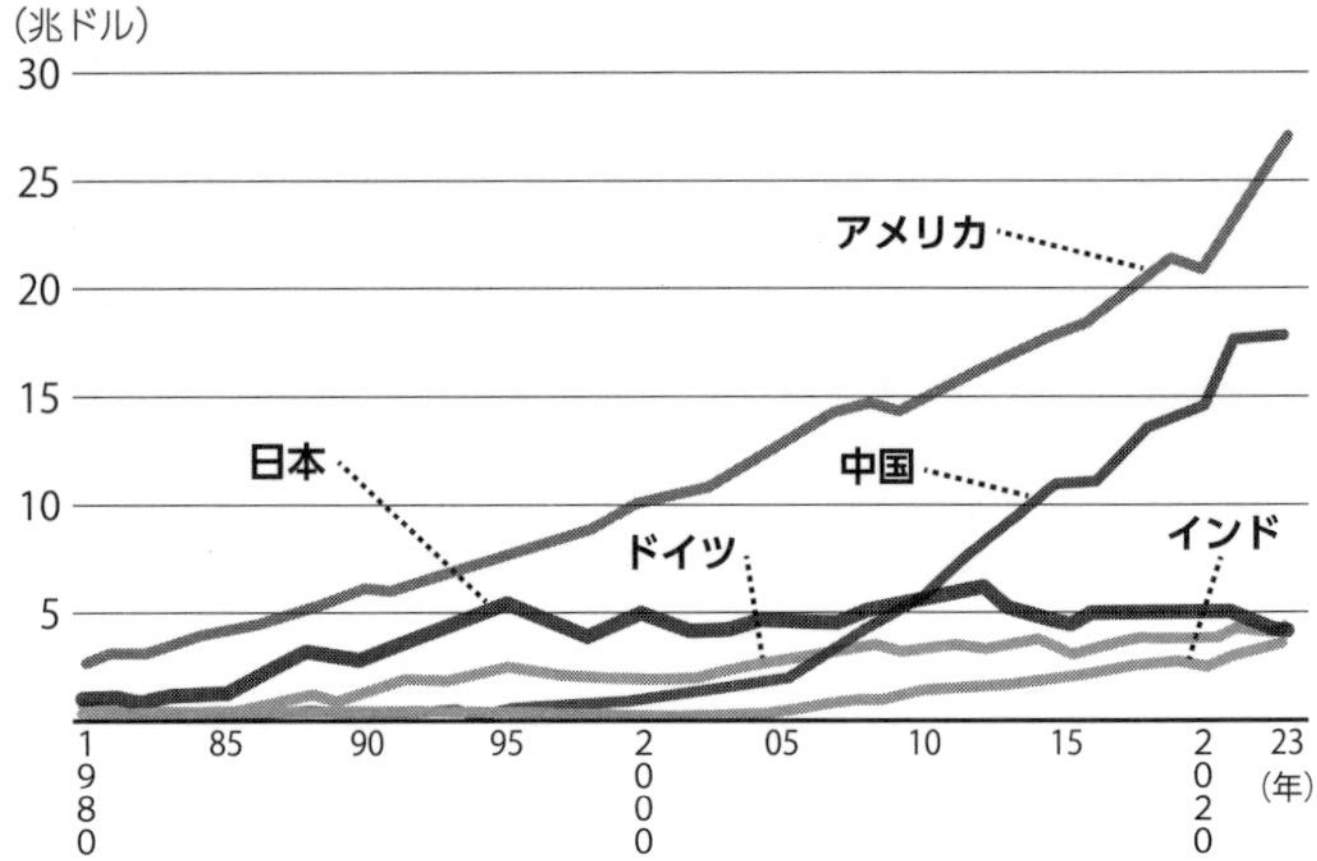

（注：IMF 統計から作成。ドル換算）

になる。92年には初めて５００兆円を突破して５０５兆円に達した。しかし、それから30年後の２０２２年のＧＤＰは５５７兆円。30年間でわずか50兆円ほど増えただけで、年間の増加率は１％に届かない。92年以降30年間の日本のＧＤＰは、ほぼ５００兆円台で横ばいのままだ。ゼロ成長で推移した結果である。

景気循環からみると、ゼロ成長やマイナス成長が数年続くことはある。だが、通常は短期で終わり、またプラス成長に戻る。問題なのはゼロ成長が30年間も続いたことだ。それによって日本は多くのものを失ってしまった。

ドル換算した名目ＧＤＰで他の主要国と比較してみよう〈注8〉。アメリカの世界一は変わらないが、日本は1960年代後半にドイツ（当時は西ドイツ）を抜いて第2位に躍進し、その地位を40年近く守ってきた。ところがゼロ成長が続いたことで2010年には中国に抜かれて3位に転落した。さらにIMFが23年10月に発表した見通しでは、日本の同年のGDPは4兆2308億ドル（約633兆円）で、ドイツの4兆4298億ドルを下回り、4位に転落する。同年のアメリカは26兆9496億ドル、中国17兆7009億ドルと大きく引き離され、数年後には成長著しいインドにも抜かれて5位に転落しそうだ。生活水準を示す一人当たりGDPも近い将来、韓国や台湾に並ばれ、追い越されてしまうかもしれない。

現状維持は衰退への甘い蜜

日本が江戸時代のように自給自足型の鎖国政策を堅持する場合はゼロ成長が30年続いてもそれほど大きな問題は起こらない。だがグローバル時代は違う。他の国がプラス成長を続ける中で、日本だけがゼロ成長を続ければ相対的に国力を低下させ、衰退の坂道を転げ落ち続けることになる。

〈注8〉ドル換算での比較＝当年の為替レートでUSドルに換算するため、為替レートの変動で自国通貨による推移と異なる場合がある日本が失ったものは物質的なものだけではない。明治以降、近代化を目指し、持ち続けてきた進取の気概、向上心、好奇心、将来への楽観論などが後退し、覇気を失ってしまった。なぜだろうか。

経済の成熟と高齢化社会が急速に進み日本から若さが失われたためとか、将来予想される人口の大幅減少がなどいくつかの要因か指摘できる。だが、この30年に限っていえば、最大の理由は「ゼロ成長下での生活」が案外、居心地が良かったからではないだろうか。

GDPは1年間に新たにつくり出される付加価値の合計である。ゼロ成長下でも経済活動が止まってしまうわけではない。前年と同規模の経済活動は続く。デフレで物価は下落気味なので、日常生活は「ぬるま湯」に浸かっているような居心地の良さがある。

一方、様々な既得権が網の目のように張り巡らされた日本では現状のゼロ成長から抜け出すためには多大なエネルギーと苦痛が伴う。古くなった産業を切り捨て新しい産業を育てる構造転換が必要だが、その場合、古い産業からの激しい抵抗が予想される。デジタル革命に対応できるように制度や法律を改正したくても簡単にはいかない。縦割りとアナログ行政になれた官僚の腰は重い。最近のマイナンバーカード導入に伴う混乱ぶりはその氷山の一角といえよう。

政治の世界では議員の世襲化が目立つ。特に政権政党、自民党の議員世襲化は既得権益を長期化させている。地元の有力者が代表となり後援会をつくり、世襲議員を応援する。地域には既得権益を持つ様々な産業や医療、文化、宗教、教育機関などが存在している。後援会は世襲議員に既得権益擁護と引き換えに選挙を応援する図式が定着している。

ぬるま湯の中で、現状を打破するためには大きな壁が立ちふさがり、それを打破するためには血みどろの戦いに勝たねばならない。それを避けるためには、抵抗の少ない現状維持を続ける方がよい。こうして30年以上の歳月が流れた。政治も行政も企業も現状維持に安住していると物心両面で劣化現象を引き起こしてしまう歴史の教訓から目をそらしていた。欧米などでは現状の政治や生活に不満が募ってくると、「変化」を求めて選挙民が立ち上がり、政権交代を実現させてきた。日本に必要だったのはこの変化を引き起こすことだったが、「現状維持というぬるま湯」はあまりに居心地が良く、変化を許さなかった。「失われた30年の悲劇」は現状維持という身近なところに原因が潜んでいたのである。現状維持をかくも長く続けた国は、G7（先進7か国首脳会議）の中では他に例がない。

現状維持で資本収益を低下

「失われた30年」から抜け出すためには思い切った現状打破が求められる。18世紀後半の産業革命は蒸気機関の発明によってエネルギー革命が起こり、世の中を大きく変えた。その主役を演じたのが企業だった。企業が現状打破の先兵になり、経済変革を先導し経済を活性化させ、業績を伸ばし利益を上げれば、政府の税収も増え、社会全体も豊かになる。「国利民福」を目指した渋沢も同じ考え方だった。

だがアメリカ型経営に乗り移った日本企業は全体としてみると、期待された成果を上げることができなかった。現状打破に失敗したのである。現状打破を避けたと言った方が適切かも知れない。この時期、企業に求められたことは、儲けた利益を戦略的な設備投資や研究開発費に振り向け、不採算部門を切り捨てるなど大胆な事業の再編成、次の時代の成長産業を生み出す新陳代謝だった。だが現実は儲けたお金の多くが社内留保として蓄積され企業の資本収益は低下した。

企業の資本収益を示す指標の一つに、ＰＢＲ（株価純資産倍率）がある。株価を一株当たり純資産で割った数字だ。ＰＢＲが1倍割れということは、一株当たり純資産より株価の方が低いことを示している。この状態では事業をやめて店じまいした方がいいと評価されかねない。株式取引市場では常にＰＢＲが高くなるような経営が求められる。東京証券取引所の調査によると、２０１５年時点でＴＯＰＩＸ５００に入る大企業のうち、１倍未満は24％だったが、23年３月末時点で43％まで増えている。８年間で1倍未満が2倍近くにまで増えたのは、大企業の多くが稼いだお金を次の成長に向けた研究開発や設備投資、Ｍ＆Ａ（合併・買収）に振り向けてこなかった証左と言えるだろう。

アメリカ型経営は労働の流動化を推進した

アメリカ型経営に移行した日本企業にとって、学ぶことは少なかったが、全くなかったというわけではない。日本の将来にプラスになる点が一つ、逆に好ましくなかった点が一つそれぞれあげられる。

良かった点は過剰労働力の整理である。アメリカ型経営では労働力を原材料などの生産財として位置付ける。不況になれば余剰になった労働力を整理するのは当然の行為とみなしている。「労使一体」が原則の日本型経営で、不況になっても雇用だけは守る、というのが譲れない一線だった。長期不況で余剰人員を大量に抱え、赤字経営に苦しむ日本企業にとって余剰人員の整理は生き残りの条件だった。そこに登場したのが余剰人員を解雇できるアメリカ型経営だった。日本型経営を古い経営として捨て去り、最新のアメリカ型経営を受け入れれば、余剰人員を解雇できる。アメリカ型経営は魅力だった。

労使協調、終身雇用制度の下では労働の流動化が極端に制限される。時代が求める新規産業が次々と誕生しても、優秀な人材が確保できなければ前に進めない。受け皿として労働市場の流動化が必要になる。既存企業の余剰労働力の整理がきっかけになって、労働市場の流動化、自由化が一気に進んだ。2000年ごろから人材派遣会社が急増した。現在、人材派遣・紹介などを営む企業の支店、営業所は全国に4万カ所以上ある。総務省の「労働力調査」によると、22年の雇用労働者総数は約5700万人、このうち正規雇用社員は約3600万人と63・2％になる。非正規社員は2100万人、36・8％だ。バブル崩壊直後の94年には非正規社員の割合は約20％に過ぎなかったから2倍弱に伸びた計算となる。

非正規社員の内訳をみると、パートタイムが全体の約半分、アルバイト、派遣社員・契約社員が約2割となっている。経済のグローバル化、スピード化、さらにデジタル革命の急速な進展を背景に、労働側には自分が好きな時に働ける、自分の技術が生かせるところで働きたい、との願望が強い。一方、企業側には優秀なら外国人でも歓迎だし、新卒でなくもIT（情報技術）に精通した人材を積極的に雇用したいなど新たな需要が膨らむ。労働市場の流動化、自由化はこれからの日本経済にとって欠かせない。アメリカ型経営の導入によって、労働市場の流動化、自由化が大幅に進んだことはプラス評価ができるだろう。もちろん、労働市場の流動化、自由化に伴う問題も少なくない。例えば、正規社員と非正規社員との賃金格差の拡大などはその一つだ。

企業の不祥事続出

悪かった点とは何か。公益より私欲の追求を優先させる企業が増え、企業の不祥事が続出していることだ。生前の渋沢は品格のある経営を唱えた。「道徳と経済の両立」「利他主義」「法律や制度の順守」などを実践し、透明性の高い自由市場で「適正利潤」を得る企業が理想だった。

これに対しアメリカ型経営では、「株主利益最大化」を目指さなければならない。経営者は利益を最大化するため法律違反すれすれの経営もいとわない。見つからなければ法律違反さえ犯すこともとまどわない。まさに強欲経営、強欲資本主義である。渋沢は企業性善説を唱えたが、アメリカでは逆に企業性悪説を前提に法律や制度がつくられている。企業は放っておけば利益追求のために何をやらかすか分からない。それを避けるためには企業が守らなければならない法律や制度を国としてきちんと整備し、違反者には厳しい罰金、罰則、場合によっては市場からの追放も辞さない。

アメリカ型経営に移行した日本企業に不祥事が続出しているのは、利益追求が企業の最大目標となり、なりふり構わず売上、利益の拡大に走った結果といえるだろう。

昨年（22年）を振り返っただけでも、企業の不祥事は枚挙にいとまがない。

コロナ流行下で行われた東京五輪・パラリンピックのスポンサー契約をめぐる談合汚職事件では大手広告会社の元幹部らが逮捕された。また、名門の電機メーカーがコスト削減や生産効率を優先し、原子力発電所や鉄道会社などに出荷した変圧器で不正をしていたことも明らかになった。１９８２年から発覚するまでの40年間に出荷された変圧器８３６３台のうち約４割で出荷前の試験で虚偽のデータを記入していた。

トラック大手メーカーがエンジンの排ガスや燃費の性能を偽っていたことも判明した。排ガスについては03年に導入された新たな環境規制違反、また燃費についてはトラックなどに税制優遇が設けられた05年以降、多くの車種で不正が横行していた。国が定めた試験方法に従わなかったり、燃費や排ガスのデータを改ざんしたりした。不正の対象車種は少なくとも56万台余に及んだ。いずれも日本を代表する名門企業の不祥事だ。

23年に入ってからも企業の不祥事は後を絶たない。日本を代表する旅行会社が、自治体から受託した新型コロナウイルス関連事業をめぐり、自治体から委託手数料を過大請求していて、支店長らが詐欺容疑で逮捕された。新型コロナワクチン接種事業のコールセンター業務で、電話対応するオペレーターの人数を水増しした虚偽の報告書を提出、50近い自治体から最大9億円を過大請求した。また、千葉県に本店がある地銀は、仕組み債と呼ばれる複雑な金融商品を知識の不十分な退職者などに売っていたとしたことが判明、証券取引等監視委員会は同行と傘下の証券会社などを行政処分するよう金融庁に勧告した。

さらに、7月に入ると、中古車販売大手の社長が自動車保険の保険金不正請求問題を追及され、経営責任をとって辞任する事件も起きた。事故車を修理する際、靴下に入れたゴルフボールでわざと車体に傷をつけたり、不要な部品交換をしたりして損害保険会社に保険金を水増し請求していた。

国土交通省は「道路運送車両法に違反する疑いがないか」ヒアリングを開始、保険業法を所管する金融庁も保険代理店を兼業している同社にその資格があるかどうかを含め検討を開始した。この不祥事の背景には「上意下達」による整備工場での修理ノルマ（1台14万円）があり、不正行為の引き金になったと指摘する社員もいる。極端な企業ガバナンス（健全な経営を目指す企業自身による管理体制）不在、コンプライアンス（法令や社会規範の順守）意識の欠如ぶりがテレビや新聞で毎日のように報道されている。

アメリカ型経営は日本の企業体質に合わなかった

改めて30年を振り返ると、アメリカ型経営、特に剥き出しの利益追求姿勢は日本人のメンタリティ（気質、ものの考え方）に合わなかったのではないか、と筆者は考える。「企業は株主のもの」、「経営者は株主利益の最大化を目指す」といった経営思想には公益性の視点が全く欠落している。狭量で自己中心主義、自分さえよければ他人がどうなっても構わない利己主義そのものだ。そんな目的で会社を経営したくない、そんな会社で働きたくない、というのが日本の労使の共通した気持ちだろう。

明治維新で近代化に舵を切った日本人には、政治も行政も企業もそこで働く者も、天下国家のために一身を投げ打って努力しなければならないという大義名分を肝に銘じていた。渋沢の企業性善説は、国家、国民に役立つ事業を展開する事業体として企業を位置付けている。アメリカ型経営に移行したものの強欲資本主義に徹しきれない多くの日本企業は利益をあげてもリスク覚悟で新規事業に積極的に投資する道を選ばず、儲けたお金は社内留保に回すなど現状維持路線を貫く道を選んだ。

日本のエネルギー政策は、時代が大きく変わったにもかかわらず、CO_2（二酸化炭素）を大量に排出する石炭と深刻な事故を引き起こし、地震列島の日本ではリスクが大き過ぎる原子力にしがみついている。その結果、世界の潮流から置き去りにされてしまった。アメリカ型経営にもなじめず、温暖化対策への取り組みも消極的で、ただただ「現状維持経営」に終始し、「30年間を空費」してしまった。

発展する経済の下では、古くなった企業が市場から消え、これからの時代を支える企業の開業率が増え、全体として企業数が増加するのが健全な姿だ。日本の場合、30年以上におよぶゼロ成長の下で、企業の廃業率が開業率を上回り、企業の絶対数が減少する衰退現象が始まっている。

持続可能な日本型経営システムを

新1万円札の顔として渋沢が登場する機会に、公益重視、道徳と経済の両立、適正利潤の確保を企業経営の柱とする渋沢イズムの復活、さらに渋沢の経営哲学、思想に新たな時代の光を当て、磨き上げることで地球の限界と折り合える持続可能な新しい経営システムの構築が急がれる。

そのためには、事業主体として企業はどのように自己変革し、何ができるのか、国としてどのような支援ができるのか、国民の意識改革などを総合的に検討し前に進まなくてはならない。日本人として誇りの持てる新たな国家百年の計を立案しなければならない。渋沢資本主義をつくりあげた日本企業の経験が少なからず役立つはずだ。

たとえば、東京電力福島第一原発で大量に発生した汚染水から放射性物質を取り除いた処理水の海洋放出をめぐる問題である。今の多核種除去設備（ALPS）では汚染水から放射性物質の大半は除去できるが、トリチウムだけは残ってしまう。政府は取り除けないトリチウムの濃度を国の放出基準の40分の1未満にして放出する方針を打ち出し、国際原子力機関（IAEA）も「人と環境への放射能の影響はごくわずか」とした報告書を公表した。これを受け政府は23年8月、処理水の海洋放出に踏み切った。今後、30年程度は放出を続ける。風評被害を懸念する地元の漁業関係者は反対を続け、中国は日本産の水産物輸入を全面的に停止した。日本産農林水産品の輸出のうち4割を占める中国の輸入規制が日本の漁業に大きな打撃を与えるだろう。海洋放出の長期的な安全性は、現段階では誰にも分からないのが本当のところではないだろうか。

さて、日本はどうする

技術的にはトリチウムをすべて取り除くことは可能とされるが、その実用化には巨

額の設備資金が必要になり、数兆円との試算もある。トリチウムの半減期は約12年なので、処理水を12年以上保存し、半減期後放出することも考慮に値する。新たな国家百年の計の中に、処理水の排出を中断し、巨額の資金をかけてもトリチウムを１００％取り除くまで放出しないとの選択を盛り込むこともできるし、より現実的には半減期が過ぎるまで放出しないという選択もある。日本がこのような選択をすれば、海外の日本を見る目も大きく変わる。日本人も大目標を設定すれば本来のやる気を出し奮起するはずだ。

エネルギー政策はどうか。戦後日本を支えてきた石炭と原子力の時代は終わった。近い将来、石炭、原子力を段階的に廃止、ゼロにし、水素エネルギー、さらに太陽光、風力、海流、潮流などのCO_2を排出しない再生可能エネルギーに100％転換する。このメッセージが海外に伝われば、温暖化対策に消極的だった「日本は変わった」と評価の声があがるだろう。

コロナ禍でパンデミック（世界的流行）に襲われた時、日本は自前のワクチンをつくれなかった。ワクチンをつくる技術を持っていながら、目先の利益やワクチン製造に伴う複雑な医療行政を嫌って外国に依存し、混乱を招いた。国民の健康を守るためにも、国産ワクチン製造を可能とする医療体制の整備も緊急課題だ。

長期的課題としては少子高齢化に伴う急激な人口減少に対する処方箋、ロードマップ作成も盛り込まれなければならない。

今の日本では現状打破の構想を打ち出せば、「現実離れ」「机上の空論」「夢物語」などと批判の集中砲火を受けそうだ。だが日本全体がその方向に動き出せば、この転換が持続可能な地球を守るために欠かせない転換であることが分かり、日本人として大きな誇りを持つことができるだろう。

最後に労働市場の流動化、自由化に伴う問題点について触れておこう。労使協調、終身雇用制度は渋沢イズムの柱だった。だが時代が大きく変わり、デジタル革命でオンライン会議が普及するなど働き方も多様化しており、渋沢イズムの柱は過去の産物となってしまった。だがその精神を生かすことは可能だ。

警備保障会社、セコムの創設者、飯田亮は生前、新時代の働き方について、筆者の質問に次のように答えている。

「今の若者は、一つの会社に骨を埋めようなどと思っていない。たかだか一つの会社に在籍するのは5年程度だろう。その5年間、楽しく働けた、と良い印象を持って、次の会社に送り出したい。そのためには、同一労働同一賃金の実現、人間関係は上位下達のタテ型ではなく、対等に話せるフラット型、『ここだけの秘密』をゼロにするため、経営の透明度を高めることだね」

先ほど挙げた企業の不祥事の多くは職場の不正に義憤を感ずる社員の内部告発で判明したケースが多い。透明度の高い経営は、品位のある企業へ移行するための必要条件だ。

「失われた30年」と決別し日本が再び元気を取り戻すためには、地球の限界と折り合える持続可能な経営と適正利潤の確保を両立できる企業として、日本企業が世界のトップランナーになることだろう。それが「渋沢が愛した資本主義」を将来に活かす道につながる、と筆者は信じている。

あとがき

「日本資本主義の父」と呼ばれる渋沢栄一には三つの顔がある。一つは実業人の顔だ。聖徳太子、福沢諭吉に次いで新1万円札の顔に選ばれたのも実業人としての卓越した業績が評価されてのこと。本書も実業人、渋沢の生き方に焦点を当てている。

二つ目は社会事業家としての顔だ。実業人の業績があまりにも大きいため、ややかすんで見えるものの第二の顔は渋沢の人柄を映し出している。渋沢が愛した資本主義は世の中を豊かにした半面、貧富の格差を拡大し、社会的弱者には厳しい社会でもある。資本主義が内蔵するこうした構造的な欠陥を放置すれば経済活動が歪められ、機能不全に陥る。その前にできるだけの手を打たなければならない。渋沢が生涯をかけて取り組んだ養育院、博愛社（現・日本赤十字社）、慈恵医大、聖路加病院などの創立に当っては発起人や寄付金集めに東奔西走している。

寄付金集めはパリ滞在中に、弱者救済のために寄付金を集めるバザーを体験したことがヒントになった。政府に頼らず民間の力での社会事業に強い感銘を受け、日本に帰ったら実践したいとの思いが、渋沢の「奉加帳」による社会事業活動の原点になっている。

渋沢は奉加帳にまず自分の寄付額を記載して、知人の実業家らに依頼をするのが常だったという。回された実業人は渋沢の金額からあまりにかけ離れた低額で済ますことは難しく、ほぼ十分な金額が集まったという。渋沢没後、知人の実業人が渋沢の偉業を振返る中で、「これで奉加帳の恐怖から解放された」とつぶやいたのは本音かもしれない。

三つ目が国家国民への思いである。渋沢は若い時から血の気が多く、23歳の時には従兄の尾高惇忠や同年輩の喜作と倒幕計画をたて、実行直前までいったことがある。後に苦難を共にした惇忠は富岡製糸工場の初代場長として渋沢を助け、喜作は渋沢倉庫の社長として遇される。渋沢は高い見地から、国家国民のために実業人として何ができるか、何をすればよいかを考え、行動した。失敗を恐れず挑戦し、失敗を糧として立ち上がる不屈の精神と楽観主義が渋沢のライフスタイルだった。また、米寿（数え88歳）を迎えて「長寿を保つといっても、なんのなす事もなく、いたずらに生命をむさぼることはよくない。生命のある限り国家社会のために尽くさなければならぬ」と述べている。高齢になっても国家社会に貢献したいとする渋沢の並々ならぬ意欲が伝わってくる。

文豪・幸田露伴は著書の『渋沢栄一伝』（1939年刊）で、渋沢を「時代の人」と呼んだ。「時代の要求するところのものを自己の要求とし、時代の作為せんとする事を自己の作為とし、…（略）…時代の意気と希望とを自己の意気と希望として、長い歳月を克《よ》く勤め克く苦労したものである」と述べている。明治維新をスタートラインとして、「欧米に追い付け、追い越せ」を目指した日本と渋沢の姿が露伴には二重写しに見えたのかもしれない。

渋沢の行動原理を支えたのは論語と青年期のパリ生活、そして身分制度への怒りだった。社会に役立つ事業の創設、道徳と経済の両立、利他主義といった「渋沢イズム」や、士農工商、男尊女卑などの「不平等廃止」は、渋沢の行動原理の中から導きだされたものだ。

新1万円札の顔となる渋沢は、日本経済の基礎をつくった実業家であると同時に、社会事業家としての顔、そして国家国民を見据える顔も持ち合わせていた。後者の二つの顔があったからこそ「時代の人」として「渋沢イズム」を根付かすことができたのではないか。そして経済の長期低迷が続いている今の時代に「渋沢イズム」が脚光を浴び、再評価されようとしているのではないだろうか。

西暦(年)	元号(年)	渋沢栄一の行動・業績など〈〉内は渋沢の年齢	世界と日本の主な動き
1840	天保11	武蔵国血洗島村（現在の埼玉県深谷市）に生まれる	
1858	安政5	いとこの尾高千代と結婚	日米修好通商条約締結
1864	文久4 元治元	一橋慶喜に仕える	
1866	慶応2	慶喜が第15代徳川将軍になり、渋沢も幕臣となる	
1867	〃3	徳川昭武の随員として訪欧、パリ万博など視察〈27歳〉	大政奉還
1868	〃4/ 明治元	フランスから帰国、慶喜と面会する	戊辰戦争（～69年）
1869	〃2	静岡商法会所を設立。大蔵省に入省	東京・横浜間に電信開通
1870	〃3	官営富岡製糸場設置主任となる	
1872	〃5		新橋・横浜間に日本初の鉄道
1873	〃6	抄紙会社（後の王子製紙）創立。大蔵省辞任	
1875	〃8	第一国立銀行頭取に就任〈35歳〉	
1876	〃9	東京商法会議所会頭に就任。養育院の事務長に	
1877	〃10	択善会創立	西南戦争
1878	〃11	東京商法会議所創立、会頭に	
1879	〃12	養育院の初代院長に就任	
1881	〃14	日本初の民営鉄道「日本鉄道」創立	
1882	〃15	千代夫人死去。翌年、伊藤兼子と再婚	日本銀行営業開始
1885	〃18	日本郵船、東京瓦斯創立。東京養育院院長〈45歳〉	

西暦(年)	元号(年)	渋沢栄一の行動・業績など〈〉内は渋沢の年齢	世界と日本の主な動き
1887	明治20	日本煉瓦製造会社、帝国ホテル創立	
1888	〃21	札幌麦酒会社創立	
1890	〃23	第一回帝国議会、貴族院議員に勅選（翌年辞任）	
1894	〃27		日清戦争（～95年）
1895	〃28	北越鉄道会社創立	
1896	〃29	日本精糖会社創立	第1回近代オリンピック開催
1897	〃30	澁澤倉庫部開業	
1902	〃35	欧米視察、ルーズベルト大統領と会見〈62歳〉	
1904	〃37		日露戦争（～05年）
1906	〃39	東京電力会社、京阪電気鉄道会社創立	鉄道国有法公布
1909	〃42	実業界引退表明、61の会社役員辞任〈数え70歳=古希〉 渡米実業団団長、タフト大統領と面会	
1914	大正3	日中経済界提携のため訪中	第一次世界大戦（～18年）
1915	〃4	パナマ・太平洋万博視察のため渡米、ウィルソン大統領と会見	
1916	〃5	第一銀行頭取など辞任。『論語と算盤』刊行〈数え77歳=喜寿〉	
1917	〃6		ロシア革命起きる
1918	〃7	田園都市会社を創立	
1923	〃12	大震災善後会を創立	関東大震災発生
1929	昭和4	中央盲人福祉協会創立、会長に	世界恐慌始まる
1931	〃6	11月11日死去〈91歳〉	満州事変

【著者】
三橋　規宏（みつはし・ただひろ）
1964年日本経済新聞社入社。ロンドン支局長、日経ビジネス編集長、論説副主幹などを経て千葉商科大学政策情報学部教授、2010年名誉教授。専門は日本経済論、環境経済学。主な著書に『ゼミナール日本経済入門』（編著、日本経済新聞出版社）、『新・日本経済入門』（同）、『環境が大学を元気にする』（海象社）、『サステナビリティ経営』（講談社）、『環境再生と日本経済』（岩波新書）、『日本経済復活、最後のチャンス』（朝日新書）、『日本経済グリーン国富論』（東洋経済）、『石橋をたたいて渡るネット株投資術〜コロナ下でもしっかり利益』（海象社）など。

渋沢イズムで　ニッポン元気復活！
2023年12月12日　初版発行

著者／三橋規宏

発行人／瀧川　徹
発行所／株式会社　海象社
〒108-0016　東京都中央区日本橋小網町 8-2
TEL：03-6403-0902　FAX：03-6868-4061
https://www.kaizosha.co.jp/

カバー・本文デザイン／松田晴夫〈（株）クリエイティブ・コンセプト〉
印刷／モリモト印刷株式会社

ISBN　978-4-907717-23-0　C0033
乱丁・落丁本はお取り替えします。定価はカバーに表示しています。
Printed in Japan